6e

100 dictées sans faute

Daniel Berlion

HACHETTE
Éducation

Couverture :

Conception graphique : Alain Vambacas

Intérieur :

Conception graphique : Florence Patoux

Réalisation PAO : MÉDIAMAX

Illustrations : Jean-Claude Bauer

I.S.B.N. 2-01-168414-5

www.hachette-education.com

Sommaire

Comment utiliser ton livret de dictées

Ce livret te propose un entraînement vivant et simple à la dictée. Chaque leçon (ou chapitre), centrée sur **une** difficulté orthographique, se déroule en **neuf** étapes :

- **Des conseils.** Lis-les attentivement et regarde bien les exemples.
- **Une préparation de la dictée.** Pour corriger, reporte-toi à la partie « corrigés », à la page indiquée ; compte tes réponses justes et note ton score.
- **La dictée à trous.** Un adulte te lit le texte complet de cette dictée (située au milieu du livret, sur une carte **détachable**). Écris les mots manquants sur les pointillés.
- **La dictée sans filet.** Un adulte te **relit** le texte de la dictée. Cette fois-ci, tu dois te débrouiller tout(e) seul(e) : prends ton temps ; écris lisiblement et… **sans faute** !
- **Une évaluation de tes résultats.** Compte le nombre de mots justes et le nombre de mots mal orthographiés. Colorie ensuite le labyrinthe comme dans l'exemple :

  La dictée compte **90 mots**.
  Tu as bien orthographié 83 mots.
  Tu as mal orthographié 7 mots.

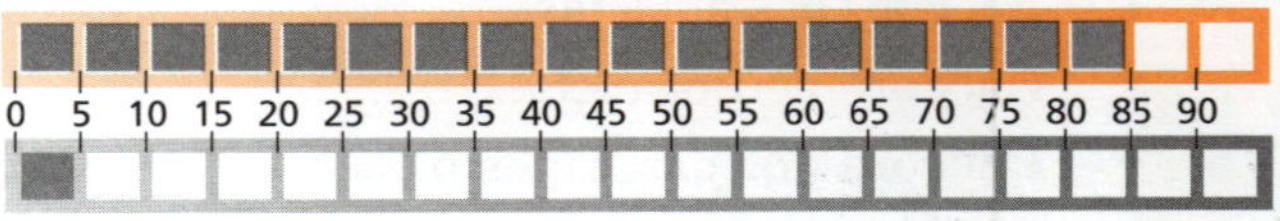

- **L'autodictée.** Apprends par cœur l'autodictée qui se trouve à la page 83. Retranscris-la de mémoire à la place indiquée « autodictée ». Recopie-la ensuite sur une feuille ou un cahier si tu as fait des erreurs.
- **Des prolongements.** Regarde le texte de la dictée sur la carte détachable.
  – Si tu as mal orthographié les mots soulignés, fais le premier exercice : il te permet de revoir la difficulté orthographique principale de la leçon.
  – Si tu as mal orthographié les **mots en couleur**, fais le second exercice : tu y découvriras un nouveau petit « piège » à éviter.
- **Une dictée de contrôle.** Un adulte te lit le texte de cette dictée (située au milieu du livret, sur une carte détachable) qui reprend la difficulté abordée dans la leçon.
- **Le mot des malins.** Cette dernière dictée est destinée à te **familiariser** avec l'orthographe de certains mots difficiles. Tu peux demander à un adulte de te la lire ou bien tu peux l'apprendre par cœur comme une autodictée.

À la fin des trois grandes parties de l'ouvrage, tu trouveras – pour chaque chapitre – trois dictées de révision classées par ordre de difficulté (une étoile* : c'est facile ; deux** ou trois*** étoiles : c'est plus difficile). Demande à un adulte de te dicter les mots ou les phrases en commençant par la dictée la plus facile.

Attention ! Tu peux utiliser ton livret en prenant les chapitres dans l'ordre (1, 2, 3, 4…) ou, au contraire, en choisissant la leçon que tu as le plus besoin de réviser.

Orthographe d'usage

- Le son [o]
- Nom ou verbe ?
- Les consonnes doubles
- Les homonymes
- Les lettres muettes

CHAPITRE 1

Le son [o]

CONSEILS

1 **Le son [o] peut s'écrire : o, au, eau et parfois ô.**

se rep**o**ser – une t**au**pe

un carr**eau** – l'h**ô**tel

2 **Beaucoup de noms terminés par le son [o] s'écrivent eau ; mais comme il y a d'autres terminaisons, il est prudent de vérifier dans un dictionnaire.**

le sir**op** – le tuy**au** – un sangl**ot** – le studi**o**

un escr**oc** – un hér**os** – un ass**aut** – un crap**aud**

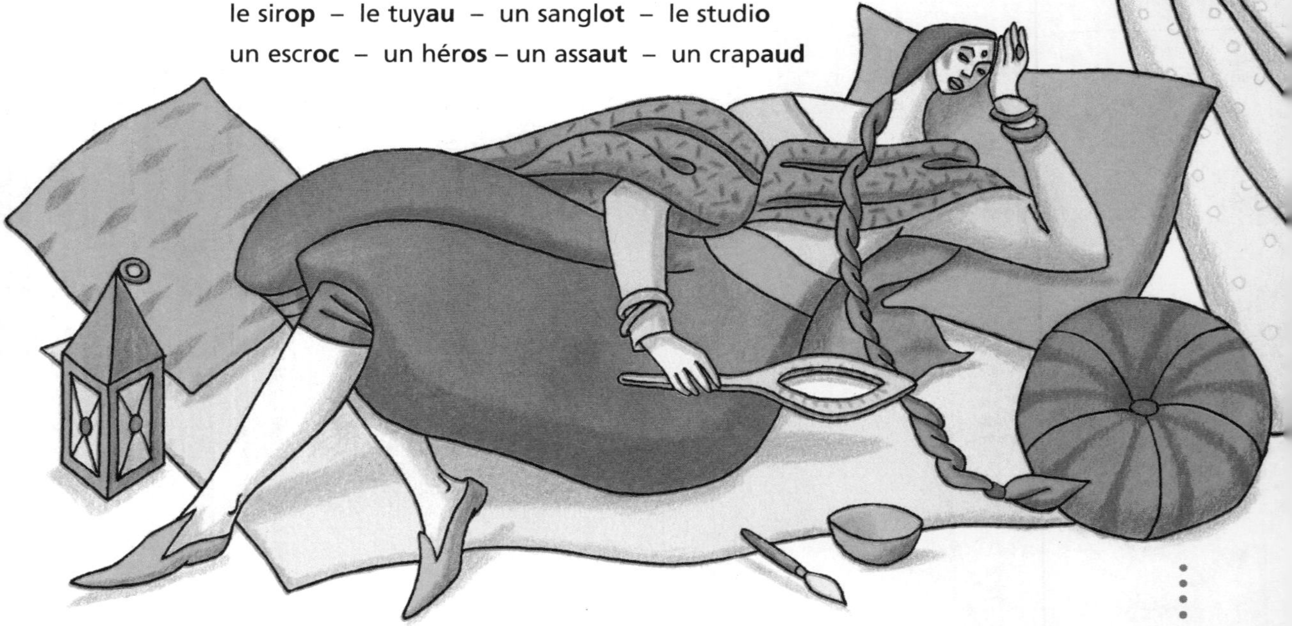

3 **Au pluriel, les noms terminés par eau et au prennent un x.**

le bat**eau** ⟶ les bat**eaux** un tuy**au** ⟶ des tuy**aux**

Certains noms qui se terminent par al ou ail au singulier s'écrivent aux au pluriel.

le journ**al** ⟶ les journ**aux** le vitr**ail** ⟶ les vitr**aux**

Dans ces mots, on entend le son [o]. *Complète-les comme il convient, en cherchant, au besoin, un mot de la même famille.*

la b..........té	le n..........tre
il f..........t	la g..........che
un joy..........	le mant..........
le roul..........	le hubl..........
le pian..........	un encl..........
le chari..........	un rest..........rant
les trav..........	le rep..........
un maill..........	la h..........sse
un surs..........	un barr..........
une s..........ce	un escarg..........

Compare avec le corrigé p. 37. NOTE TON SCORE ... /20

La dictée à trous

Complète la dictée (un adulte te lit le texte – voir carte détachable p. 41 –, puis le corrige avec toi).

LA BEAUTÉ

Les Anciens avaient des goûts .... différents .... : les petits fronts, les sourcils joints étaient des agréments dans .... féminin. Dans quelques pays des Indes, il faut, pour .... belle, ... les dents noires et les cheveux blancs. L'un .... des femmes est d'y parvenir au moyen d'herbes. En Chine, c'est .... que d'avoir le visage large et .... gras. Qualités .... et .... sont jugés différemment selon ....

NOTE TON SCORE ... /20

La dictée sans filet

Fais la dictée *(un adulte te lit le texte).*

LA BEAUTÉ

Évaluation **Corrige ta dictée** (avec l'aide d'un adulte) **et évalue ton travail.**

La dictée compte **77** mots.

Tu as bien orthographié ……… mots.

0 5 10 15 20 25 30 35 40 45 50 55 60 65 70 75 80 85 90

Tu as mal orthographié ……… mots.

Recopie deux fois chaque mot ou groupe de mots mal orthographié sur un cahier d'essai.

L'autodictée

Fais l'autodictée 1 qui se trouve p. 83.

Si tu as fait une ou plusieurs erreurs, recopie l'autodictée sur un cahier d'essai.

Dictée de contrôle p. 43

Prolongements

Examine ta dictée sans filet.

Si *tu as mal orthographié les mots soulignés, fais cet exercice.*
Complète ces noms avec **é** *ou* **ée**.

la beaut.......	la vall.......	la libert.......	la charit.......	la mont.......
la poign.......	la dict.......	la qualit.......	la vérit.......	la veill.......
l'assembl.......	la sociét.......	l'humidit.......	la quantit.......	la timidit.......

Si *tu as mal orthographié les mots en couleur, fais cet exercice.*
Écris au pluriel.

le principal travail → les ....

un château royal → des ....

un local central → des ....

le journal régional → les ....

un bourreau brutal → des ....

un signal amical → des ....

un canal latéral → des ....

un tribunal spécial → des ....

Corrigés p. 37

Le mot des malins

LES ORCHIDÉES

Voilà une fleur dont la beauté a toujours fasciné les hommes. Il est des pays où elle peut être cueillie aisément car elle pousse en pleine nature. En revanche, dans nos contrées, elle doit être cultivée avec beaucoup de précautions sous de chaudes serres. Certains jardiniers se sont spécialisés en ce domaine et ils échangent leurs petits secrets sans toutefois trop en dire : chacun entoure sa plantation d'un peu de mystère... À n'en pas douter, cela ajoute au charme **des orchidées.**

Dictées de révision p. 26

CHAPITRE 2

Nom ou verbe ?

CONSEILS

1 **Ne confondons pas le nom avec le verbe, son homonyme.**

le travail – **il** travaille

le balai – **il** balaie

le signal – **il** signale

le cri – **il** crie

2 **Parfois, ces deux mots ont la même orthographe. Il faut alors bien observer les mots qui les entourent pour savoir s'il s'agit d'un nom ou d'un verbe.**

mon **rêve** préféré – les **rêves** des enfants : **nom**

Je **rêve** la nuit. – Tu **rêves** souvent. : **verbe**

le **garde** du corps – les **gardes** forestiers : **nom**

Il **garde** des moutons. – Tu **gardes** ton calme. : **verbe**

Place un article ou un pronom personnel devant les mots suivants.

.... délit	.... délie
.... balai	.... balaie
.... sommeille	.... sommeil
.... travail	.... travaille
.... voix	.... voit
.... salut	.... salue
.... essaie	.... essai
.... soupir	.... soupire
.... emploi	.... emploie
.... appelle	.... appel

•••➤ *Compare avec le corrigé p. 37.* NOTE TON SCORE ... /20

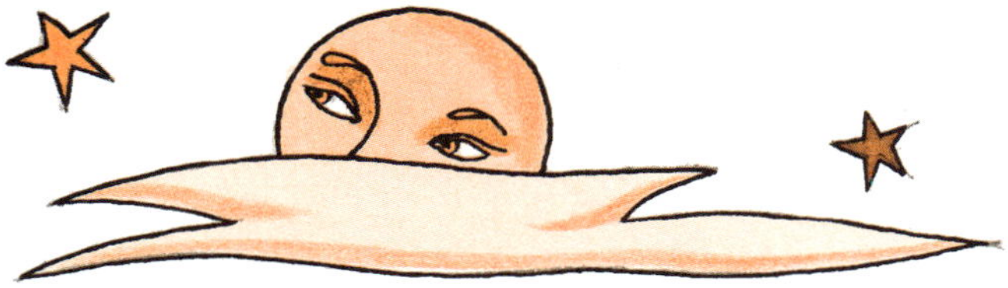

La dictée à trous

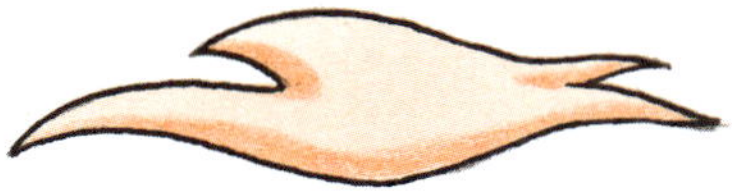

Complète la dictée *(un adulte te lit le texte – voir carte détachable p. 41 –, puis le corrige avec toi)*.

INTERNAT

Tintement de .... pour l'entrée en classe, ... annonce les récréations, qui .... toutes ces jeunes jambes. .... net .... et les .... enfin pour le dortoir où chacun, avant le .... , va .... retrouver ses rêves préférés. Thomas et Alex .... des hannetons dans une boîte. Renaud .... ses muscles et .... , il se .... champion cycliste. Avec son album de timbres-poste, Benoît .... avant de s'endormir toutes les nations de la Terre.

NOTE TON SCORE ... /20

La dictée sans filet

Fais la dictée (un adulte te lit le texte).

INTERNAT

Évaluation *Corrige ta dictée* (avec l'aide d'un adulte) *et évalue ton travail.*

La dictée compte **82** mots.

Tu as bien orthographié ……… mots.

0 5 10 15 20 25 30 35 40 45 50 55 60 65 70 75 80 85 90

Tu as mal orthographié ……… mots.

Recopie deux fois chaque mot ou groupe de mots mal orthographié sur un cahier d'essai.

L'autodictée

Fais l'autodictée 2 qui se trouve p. 83.

Si tu as fait une ou plusieurs erreurs, recopie l'autodictée sur un cahier d'essai.

Dictée de contrôle p. 43

Prolongements

Examine ta dictée sans filet.

Si ***tu as mal orthographié les mots soulignés, fais cet exercice.***
Complète avec **ses** *ou* **ces**.

.... renseignements me seront très utiles pour achever mon travail.

Imprudente, Flora a laissé .... disques près du radiateur.

Avec .... parents, Jessy a parcouru le monde entier.

Après .... violentes chutes de neige, les routes sont impraticables.

Grégoire a terminé .... exercices de mathématiques.

.... immeubles, en fort mauvais état, vont être réparés.

Si ***tu as mal orthographié les mots en couleur, fais cet exercice.***
Tous ces mots se terminent par [sjɔ̃]. *Complète avec* **ssion**, **sion** *ou* **tion**.

l'émi	la vibra	la pa	l'ambi	la tradi ....
la loca	la sensa	la pre	la mi	l'ascen ....
la dimen	l'agre	l'élec	l'excur	la créa ....
l'atten	la démi	la condi	l'opéra	la voca ....

Corrigés p. 37

Le mot des malins

L'OLFACTION

Il est des personnes qui pensent que **l'olfaction** est l'organe des sens dont nous pourrions nous passer sans problème majeur. Ils ont tort ; qu'ils essaient d'imaginer une vie sans qu'une seule odeur puisse être identifiée ? La nourriture n'aurait aucun attrait, mais ce n'est rien en comparaison de la perte de sensations quotidiennes qui nous sont si familières qu'on oublie qu'elles existent. Et puis quel plaisir de garder, pendant des années, le souvenir d'odeurs caractéristiques liées aux événements de notre existence.

Dictées de révision p. 26

CHAPITRE 3

Les consonnes doubles

CONSEILS

1 **Seules peuvent être doublées les consonnes placées entre deux voyelles (ou parfois entre une voyelle et un r ou un l).**

une po**mm**e – un ba**ll**on – la mo**nn**aie – qui**tt**er – l'a**rr**ivée – pou**ss**er

o**cc**uper – une a**dd**ition – le sou**ff**le – a**pp**récier

2 **Après une voyelle accentuée, la consonne n'est jamais doublée.**

la b**oî**te – une cr**ê**pe – un ch**â**teau – dr**ô**le – une fl**û**te

3 **Un mot de la même famille permet souvent de savoir s'il faut, ou non, doubler la consonne ; mais il est indispensable, en cas de doute, de vérifier l'orthographe dans un dictionnaire.**

le co**mm**erce → un co**mm**erçant → co**mm**ercial

br**û**ler → br**û**lant → la br**û**lure

mais : la tra**pp**e → le tra**pp**eur → attra**p**er

Complète ces mots avec une ou deux consonnes (utilise un dictionnaire).

t ou **tt**	a.....eindre	bo.....er	gra.....er
	apla.....ir	a.....iser	la rece.....e
r ou **rr**	odo.....ant	la ca.....otte	de.....iè.....e
	le ca.....elage	la te.....eur	le ma.....iage
l ou **ll**	a.....umer	la vani.....e	une vesta.....e
	la co.....ine	la co.....onne	exce.....ent
f ou **ff**	le sou.....le	pro.....ond	une a.....aire
	le carre.....our	si.....ler	le coi.....eur
n ou **nn**	la ca.....elle	la chemi.....ée	la voisi.....e
	une tarti.....e	la dimi.....ution	la commu.....e

Compare avec le corrigé p. 38 NOTE TON SCORE … /30

La dictée à trous

Complète la dictée (un adulte te lit le texte – voir carte détachable p. 41 –, puis le corrige avec toi).

MA VOISINE

Chez Antoinette, tout est .... mais confortable et .... Pour .... la .... et les enfants, je dois enjamber les Trois Petits Cochons, ... le .... du Loup, ... la .... de Dame T.................... . Antoinette a le don d'............................ des feux ....s, qu'elle parfume de .... et de .... Le feu vit sous son .... Il faut voir avec quelle patience elle .... les bûches, les .... , les retourne, ... les .... d'un .... indien. Antoinette est une ....

NOTE TON SCORE … /20

La dictée sans filet

Fais la dictée *(un adulte te lit le texte).*

MA VOISINE

Évaluation ***Corrige ta dictée*** *(avec l'aide d'un adulte)* ***et évalue ton travail.***

La dictée compte **79** mots.

Tu as bien orthographié .... mots.

0 5 10 15 20 25 30 35 40 45 50 55 60 65 70 75 80 85 90

Tu as mal orthographié .... mots.

Recopie deux fois chaque mot ou groupe de mots mal orthographié sur un cahier d'essai.

L'autodictée

Fais l'autodictée 3 qui se trouve p. 83.

Si tu as fait une ou plusieurs erreurs, recopie l'autodictée sur un cahier d'essai.

Dictée de contrôle p. 43

Prolongements

Examine ta dictée sans filet.

Si ***tu as mal orthographié les mots soulignés, fais cet exercice.***
Complète avec **é** *ou* **er**.

M. Nervet a décid..... d'arrach..... les mauvaises herbes de son jardin.

Les informaticiens ont vérifi..... le fonctionnement des ordinateurs.

Si tu dois march..... longtemps, n'oublie pas d'emport..... une gourde d'eau.

Les habitants de Milly ont organis..... une grande fête.

Le prince de Galles doit succéd..... à sa mère, la reine d'Angleterre.

En voulant gar..... sa voiture, M. Martin a heurt..... un poteau.

Si ***tu as mal orthographié les mots en couleur, fais cet exercice.***
Complète avec **quel(s)**, **quelle(s)** *ou* **qu'elle(s)**.

Quant à mes cousines, je crois .... viendront samedi.

Le rugby, ... sport magnifique !

Pour .... plaise aux enfants, il faudrait que cette émission soit amusante.

Dans .... casiers le mécanicien rangera-t-il les boulons ?

.... sont les chanteuses que vous préférez ?

Pour préparer cette tarte, de .... recette t'es-tu inspirée ?

Corrigés p. 38

Le mot  des malins

UNE CONCURRENCE ACHARNÉE

Au marché de la Croix-Rousse, les vendeurs de légumes se livrent une **concurrence** acharnée. Tout est bon pour attirer le client. Les différents produits sont savamment présentés en des harmonies de couleurs dignes de la palette d'un peintre.
Ensuite, il faut vanter la qualité. Chacun proclame alors qu'il a les plus savoureuses carottes, les plus tendres pommes de terre, les salades les plus fraîches, les premières courgettes de l'année ou les échalotes les plus parfumées. Nous n'avons que l'embarras du choix.

Dictées de révision p. 26

CHAPITRE 4

Les homonymes

CONSEILS

1 **Certains mots ont la même prononciation mais des orthographes différentes : ce sont des homonymes.**

le **marc** de café – la **mare** aux canards

une **malle** de vêtements – le **mâle** de la biche

un **pain** de seigle – un **pin** d'Autriche

des **pâtes** fraîches – les **pattes** du cheval

2 **Pour écrire ces mots correctement, il faut étudier leur contexte.**

Le **maire** réunit le conseil municipal.

Les anguilles se reproduisent dans la **mer** des Sargasses.

J'ai répété trois **fois** ma question.

M. Rivet a mal au **foie**.

Préparation

Complète chaque phrase avec le mot qui convient.

(écho – écot) À l'issue du repas, chacun des convives paya son …………… .

La protestation de M. Monteiro est restée sans …………… .

(point – poing) À table ! Le rôti est cuit à …………… .

Vexé, Lucas mit son …………… dans sa poche et ne répondit pas.

(fête – faîte) Tous les ans, la …………… du vin nouveau attire la grande foule.

Ce champion olympique est désormais au …………… des honneurs.

(grâce – grasse) …………… au T.G.V., Paris n'est plus qu'à deux heures de Lyon.

Mme Larue ne déteste pas faire la …………… matinée.

(tâche – tache) Peu soigneux, le mécanicien a laissé une …………… de cambouis sur le siège.

La …………… est immense ; il faudra deux mois pour réparer le toit.

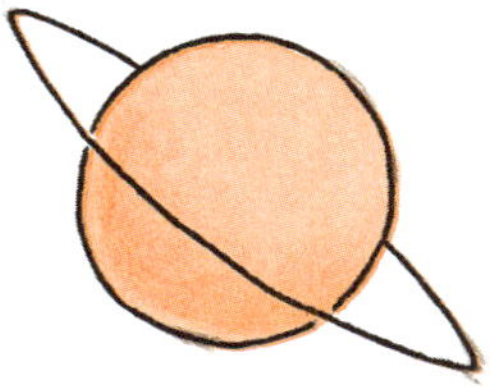

••• *Compare avec le corrigé p. 38* NOTE TON SCORE … /10

La dictée à trous

Complète la dictée *(un adulte te lit le texte – voir carte détachable p. 41 –, puis le corrige avec toi)*.

UN GRAND ASTRONOME

En 1633, Galilée est au …………… de sa gloire …………… à la célèbre …………… qu'il a mise au …………… . Pourtant, ce vieil …………… comparaît au …………… des accusés …………… les juges de l'Inquisition. Galilée a découvert ……… les planètes sont des sphères, ……… le S…………… a des …………… et, en …………… à Copernic, il affirme que la T…………… tourne …………… du S………… . En ce ……………-là, la …………… scientifique peut …………… à la …………… si elle est …………… aux Saintes Écritures.

NOTE TON SCORE … /20

La dictée sans filet

Fais la dictée *(un adulte te lit le texte).*

UN GRAND ASTRONOME

Évaluation ***Corrige ta dictée*** (avec l'aide d'un adulte) ***et évalue ton travail.***

La dictée compte **81** mots.

Tu as bien orthographié .... mots.

0 5 10 15 20 25 30 35 40 45 50 55 60 65 70 75 80 85 90

Tu as mal orthographié .... mots.

Recopie deux fois chaque mot ou groupe de mots mal orthographié sur un cahier d'essai.

L'autodictée

Fais l'autodictée 4 qui se trouve p. 83.

Si tu as fait une ou plusieurs erreurs, recopie l'autodictée sur un cahier d'essai.

Dictée de contrôle p. 43

Prolongements

Examine ta dictée sans filet.

***Si** tu as mal orthographié les mots soulignés, fais cet exercice.*
*Complète avec **f** ou **ff** ou **ph** (tu peux utiliser un dictionnaire).*

le triom......e	sou......ler	le chi......on
l'o......ense	la ......rase	l'agra....e
un or......elin	ra......iné	le télé......one
la s......ère	le gol....eur	le dau......in
la catastro......e	a......irmer	un ......orban
la ....range	la ......armacie	l'en....er

***Si** tu as mal orthographié les mots en couleur, fais cet exercice.*
*Complète avec **a** ou **à**.*

C'est ...... New York que l'on ...... installé le siège de l'ONU.

Thimonnier ...... inventé la machine ...... coudre en 1830.

Ce film ...... obtenu un succès mondial.

Vous ne trouverez pas une seule boulangerie ouverte ...... cette heure.

Le tribunal ...... rendu son verdict : l'accusé est condamné ...... une peine de prison.

Le facteur ...... beaucoup de mal ...... retenir le nom de tous les locataires.

M. Bouvier n'...... encore jamais manqué l'ouverture de la pêche ...... la truite.

Corrigés p. 38

Le mot des malins

LE FLAMANT ROSE

Ce tranquille échassier fait le charme des étangs du sud de la France, particulièrement de Camargue. Des vols de centaines d'oiseaux ne sont pas rares et ils passent comme un immense voile rose au ras de l'eau. Leurs longues ailes donnent à leur vol une allure paisible comme s'ils avaient toujours le temps d'admirer les rives. Mais c'est sur terre que le **flamant rose** se fait plus particulièrement remarquer : il se tient en équilibre sur une seule de ses fines pattes.

Dictées de révision p. 26

CHAPITRE 5

Les lettres muettes

CONSEILS

1 **Pour savoir s'il y a une lettre muette à l'intérieur d'un mot, on peut chercher un mot de la même famille ; mais il est prudent de vérifier l'orthographe dans un dictionnaire.**

la ment**h**e – un ad**h**érent – un doi**g**t (les empreintes di**g**itales)

un gar**s** (un garçon) – exa**ct** (exactement)

2 **Pour trouver la lettre finale d'un mot, on peut chercher le féminin ou un mot de la même famille.**

gro**s** → grosse

le do**s** → un dossier

le cam**p** → camper

le retar**d** → retarder

un accro**c** → accrocher

le trico**t** → tricoter

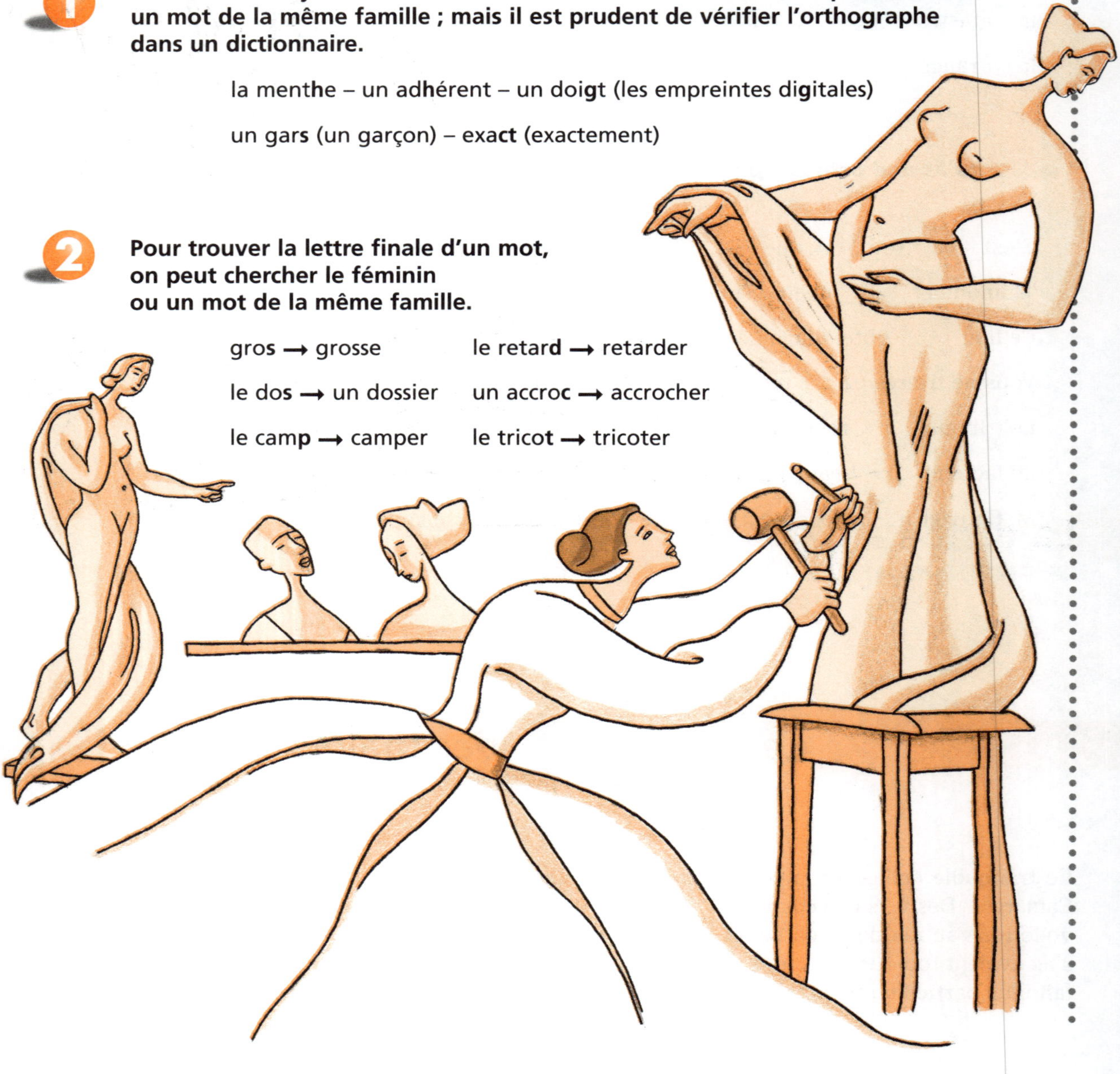

Préparation

Dans tous ces mots, il y a une lettre muette. Complète comme il convient.

l'auto.....ne	le remerci.....ment	l'acom.....te
la mét.....ode	.....umide	le zénit.....
la soi.....rie	s'ass.....oir	le débu.....
se.....t	un at.....lète	le pie.....
sou.....aiter	ba.....tiser	le dra.....
le vé.....icule	l'.....onneur	l'escro.....
l'instin.....t	l'ent.....ousiasme	le ne.....
le scul.....teur	la san.....sue	un rabai.....
la vin.....taine	le ryt.....me	un débri.....
in.....abité	la gai.....té	le repo.....

•••➤ *Compare avec le corrigé p. 39* NOTE TON SCORE ... /30

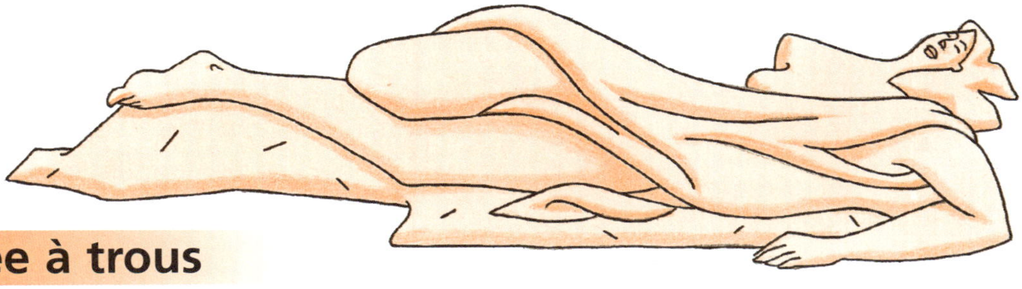

La dictée à trous

Complète la dictée *(un adulte te lit le texte – voir carte détachable p. 41 –, puis le corrige avec toi).*

CAMILLE CLAUDEL

L'après-midi d'.............................. vient se coucher aux .... du .... À côté d'elle, dispersées .... la pièce, on aperçoit des .... recouvertes de linges .... Malgré l'................................ de ses amis, Camille n'a pas voulu abandonner son .... et les .... Elle n'a .... fini .... elle le .... Et .... , la soirée est donnée .... l'............................ des artistes du Salon de mai 1882 . ... Camille n'a que dix- .... ans, ... redoute la .... de la société.

NOTE TON SCORE ... /20

La dictée sans filet

Fais la dictée *(un adulte te lit le texte).*

CAMILLE CLAUDEL

……………………………………………………………………………………………………

……………………………………………………………………………………………………

……………………………………………………………………………………………………

……………………………………………………………………………………………………

……………………………………………………………………………………………………

……………………………………………………………………………………………………

……………………………………………………………………………………………………

……………………………………………………………………………………………………

……………………………………………………………………………………………………

……………………………………………………………………………………………………

……………………………………………………………………………………………………

……………………………………………………………………………………………………

Évaluation

Corrige ta dictée *(avec l'aide d'un adulte)* ***et évalue ton travail.***

La dictée compte **77** mots.

Tu as bien orthographié ……… mots.

0 5 10 15 20 25 30 35 40 45 50 55 60 65 70 75 80 85 90

Tu as mal orthographié ……… mots.

Recopie deux fois chaque mot ou groupe de mots mal orthographié sur un cahier d'essai.

L'autodictée

Fais l'autodictée 5 qui se trouve p. 83.

……………………………………………………………………………………………………

……………………………………………………………………………………………………

……………………………………………………………………………………………………

……………………………………………………………………………………………………

Si tu as fait une ou plusieurs erreurs, recopie l'autodictée sur un cahier d'essai.

Dictée de contrôle p. 43

Prolongements

Examine ta dictée sans filet.

Si ***tu as mal orthographié les mots soulignés, fais cet exercice.***
Complète avec le participe passé de ces verbes, que tu accorderas comme il convient.

(fréquenter) Peu .... , cette route n'en est que plus pittoresque.

(ruiner) Alphonse de Lamartine finit ses jours complètement ....

(emballer) .... soigneusement, la machine ne craint pas les chocs.

(paralyser) À la vue du monstre, les spectateurs restèrent ....

(comprendre) Le prix total s'entend main-d'œuvre et fournitures ....

(grossir) .... par les pluies, la Seille recouvre les champs.

(annuler) Le chanteur est sans voix ; ses concerts sont ....

(immigrer) Cette usine emploie de nombreux travailleurs ....

Si ***tu as mal orthographié les mots en couleur, fais cet exercice.***
Dans ces mots, on entend le son [s]. Complète avec s, ss, c ou ç.

la piè.....e	le .....ervi.....e	la répon.....e	la .....ervelle	l'a.....iette
le ma.....if	au.....itôt	le ma.....age	le gla.....on	le .....inéma
immen.....e	la pare.....e	le .....irop	la .....o.....iété	le rin.....age
gra.....ieux	la cai.....e	on aper.....oit	le rempla.....ant	le bu.....te

Corrigés p. 39

Le mot  des malins

L'INSTINCT ANIMAL

Les manifestations de **l'instinct** animal ne finissent pas de nous étonner et certains comportements nous paraissent incompréhensibles. Que les oiseaux migrateurs volent pendant des milliers de kilomètres pour bénéficier de climats favorables, un tel fait suscite de multiples interrogations sur leur sens de l'orientation. De même, qu'un chien puisse retrouver une trace au milieu d'un maquis de ronces ou qu'un éléphant sente la présence d'un marais au fond de la savane, tout cela constitue d'authentiques exploits qui ne doivent sûrement rien au hasard.

Dictées de révision p. 26

Orthographe d'usage

1 Le son [o]

1 * une importante quantité d'eau – un studio de cinéma – un héros de bandes dessinées – un tuyau d'arrosage – du sirop de menthe – les vitraux de la cathédrale – un repos bien mérité.

2 ** Certains clients de supermarché pourraient remplir un entrepôt. Dans leur chariot se chevauchent des bouteilles d'eau ou de sirop, des boîtes de gâteaux, des pots de yaourt, des kilos de nourriture ! Au sommet, un gigot et des poireaux complètent souvent le tableau.

3 *** Avant de servir dans un restaurant, les apprentis apprennent les principaux usages du métier. Les travaux pratiques consistent à présenter du turbot sans arêtes, à découper joliment un perdreau ou à flamber un dessert. Un service attentif assure le confort des convives ; le sens du beau garantit leur plaisir.

2 Nom ou verbe ?

4 * le travail manuel – Il travaille avec attention. – un cri de joie – L'émotion est trop forte : elle crie. – un appel de détresse – En perdition, le marin appelle à l'aide.

5 ** La façon dont on dort, la quantité, la qualité de notre sommeil animent bien des conversations. Les uns soupirent parce qu'ils sont toujours fatigués, les autres voient là une perte de temps et essaient de dormir le moins possible.

6 *** On ne s'improvise pas berger. Damien croyait que ceux qui gardent les moutons n'ont rien à faire. Pourtant, les bêtes qu'il surveille se dispersent et n'obéissent pas à ses cris. Le retour du berger rétablit le calme : les moutons se rassemblent aussitôt à son appel ; il lui suffit de siffler.

3 Les consonnes doubles

7 * le carrelage de la cuisine – un atterrissage difficile – un effort de mémoire – une salle commune – un appareil photographique – boutonner son vêtement – Il s'arrêta, le souffle coupé.

8 ** Les travaux domestiques abîment les mains. Pourtant, les recettes ne manquent pas. Le jus de citron blanchit les doigts salis par les carottes. Le beurre calme les petites brûlures du fer à repasser. L'eau froide est excellente pour les ongles.

9 *** On a consommé du thé en Europe dès que les navigateurs en ont rapporté de Chine. Il est intéressant de noter que les bateaux transportaient le contenant et le contenu. La porcelaine dont était faite la vaisselle et les feuilles de thé nécessaires à l'infusion ont été importées ensemble.

4 Les homonymes

10 * un coup de poing – un cou de girafe – un point d'interrogation – un pot de peinture – une peau d'ours blanc – un parti politique – une partie de cartes – un port de pêche – une côte de porc.

11 ** Dans son opéra *Nabucco*, Verdi avait réussi un coup d'éclat : associer son succès musical au nouvel élan politique italien. Avec ardeur, les spectateurs acclamaient en même temps le chœur des esclaves et la future unification de l'Italie.

12 *** Les élèves de l'école voisine ont eu récemment l'occasion de s'initier à l'équitation. Les premiers cours ont eu lieu au manège. Ils ont appris à se tenir en selle, à manier correctement les rênes. Au bout de quelques leçons, certains avaient acquis l'art difficile du trot.

5 Les lettres muettes

13 * un accord de paix – un excès de poids – un rythme endiablé – l'art de sculpter les héros grecs – un marais salant – une vingtaine de coups de fusil – Je te souhaite beaucoup de bonheur.

14 ** En ne faisant jamais verser une goutte de sang à ses héros, l'auteur de dessins animés ne rompt pas le comique et ne heurte pas le regard des enfants. Même écrasé par le poids d'un rocher, Gros Minet se relève.

15 *** Retransmis par la télévision, les Jeux olympiques ont permis au public de découvrir des sports qui lui sont peu familiers. Au début de l'épreuve, la caméra scrute le visage tendu des athlètes et détaille leur corps. Pendant la course ou le saut, elle accompagne fidèlement l'exploit.

Grammaire

- Le pluriel des noms
- L'accord des adjectifs
- L'accord verbe-sujet
- L'accord des participes passés
- on – ont

CHAPITRE 6

Le pluriel des noms

CONSEILS

1 **Au pluriel, les noms prennent généralement un s. Cependant :**

- **les noms en eu et en au prennent un x.**

des cheveu**x** – des tuyau**x** (exception : des pneus)

- **beaucoup de noms en al et quelques noms en ail font leur pluriel en aux.**

des chev**aux** – des sign**aux** – des trav**aux** – des vitr**aux**

- **quelques noms en ou prennent un x.**

des bij**oux** – des caill**oux** – des ch**oux** – des gen**oux** – des hib**oux**

des jouj**oux** – des p**oux**

2 **Dans les noms composés, seuls le nom et l'adjectif peuvent prendre la marque du pluriel, si le sens le permet.**
Comme il y a de nombreuses exceptions, il est préférable de vérifier l'orthographe dans un dictionnaire.

des choux-fleurs – des cerfs-volants – des timbres-poste – des haut-parleurs –

des brise-glace – des grille-pain – des après-midi

Écris ces noms au pluriel.

un jeu	→	des jeux	un animal	→	....
un bureau	→	....	un oiseau	→	....
un clou	→	....	un vœu	→	....
mon fauteuil	→	....	ce convoi	→	....
un lapin	→	....	cette année	→	....
un tapis	→	....	un trou	→	....
un couloir	→	....	un noyau	→	....
mon travail	→	....	un hôpital	→	....
un trou	→	....	son jardin	→	....
le rideau	→	....	un pneu	→	....

•••➤ *Compare avec le corrigé p. 39.* NOTE TON SCORE ... /20

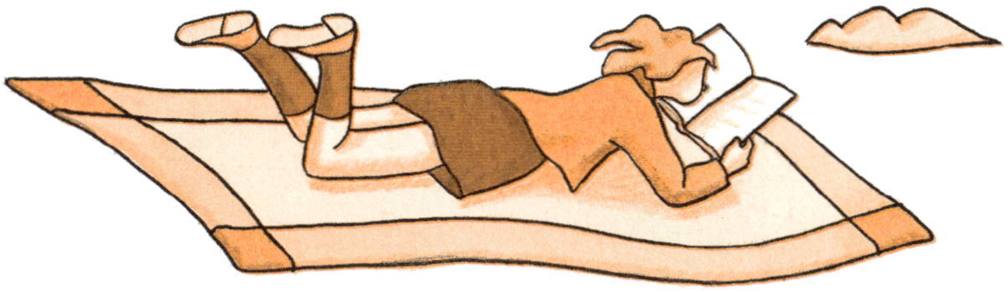

La dictée à trous

Complète la dictée *(un adulte te lit le texte – voir carte détachable p. 41 –, puis le corrige avec toi)*.

EN MISSION

Pendant .... - .... , ombre de ma .... , petite fille accrochée à sa main ferme, j'allais connaître tous .... , tous .... Ces .... , il a fallu quitter .... de Suresnes et ses .... Pour retrouver mon père, ma mère m'a emmenée partout avec elle, m'a perchée sur .... bancals à .... dorés, m'a posée sur .... persans. « Attends-moi, je reviens, dessine des petits .... dans .... » Avec elle, la vie n'a jamais été autrement que belle.

NOTE TON SCORE ... /20

La dictée sans filet

Fais la dictée *(un adulte te lit le texte).*

EN MISSION

Évaluation ***Corrige ta dictée*** *(avec l'aide d'un adulte)* ***et évalue ton travail.***

La dictée compte **83** mots.

Tu as bien orthographié .... mots.

0 5 10 15 20 25 30 35 40 45 50 55 60 65 70 75 80 85 90

Tu as mal orthographié .... mots.

Recopie deux fois chaque mot ou groupe de mots mal orthographié sur un cahier d'essai.

L'autodictée

Fais l'autodictée 6 qui se trouve p. 83.

Si tu as fait une ou plusieurs erreurs, recopie l'autodictée sur un cahier d'essai.

Dictée de contrôle p. 43

Prolongements

Regarde ta dictée sans filet.

Si ***tu as mal orthographié le mot souligné, fais cet exercice.***
Écris ces noms composés au pluriel. Utilise un dictionnaire.

un après-midi →	....	une auto-école →	....
un oiseau-mouche →	....	un casse-tête →	....
un coffre-fort →	....	un pare-brise →	....
un couvre-lit →	....	une demi-heure →	....
un poisson-lune →	....	un porte-monnaie →	....
un sous-marin →	....	un monte-charge →	....

Si ***tu as mal orthographié les mots en couleur, fais cet exercice.***
Écris les verbes au présent de l'impératif.

	2e pers. du singulier	**1re pers. du pluriel**	**2e pers. du pluriel**
(attendre)	............................-moi.	..............................-les.	..........................-nous.
(dessiner)	.... la lune.	.... la lune.	.... la lune.
(se baisser)	....	....	....
(s'habiller)	....	....	....
(courir)	.... vite.	.... vite.	.... vite.

Corrigés p. 39

Le mot des malins

LES PROCÈS-VERBAUX

Au long des rues des grandes villes, s'allongent des files d'automobiles garées au bord des trottoirs. Beaucoup ne respectent pas les interdictions de stationner. Ainsi, on voit des véhicules arrêtés devant les portails d'immeubles ou l'entrée des hôpitaux ; d'autres gênent les travaux de réfection des chaussées en empêchant les camions de déverser les matériaux indispensables. Les agents municipaux dressent de nombreux **procès-verbaux** mais même la perspective de devoir payer une forte amende ne ramène guère les chauffeurs indisciplinés à la raison.

Dictées de révision p. 60

CHAPITRE 7

L'accord des adjectifs

CONSEILS

1 **L'adjectif qualificatif s'accorde en genre et en nombre avec le nom.**

un petit malheur – de léger**s** retards

une douche froide – des crèmes glacé**es**

Attention à quelques difficultés :

un fau**x** nez – une fau**sse** barbe

un ballet aéri**en** – une base aéri**enne**

un élu loc**al** – des élus loc**aux**

un **bel** animal – de **beaux** animaux

2 **Les adjectifs de couleur s'accordent avec le nom, sauf s'ils sont deux ou, pour certains, s'ils dérivent d'un nom.**

des toits rouge**s** – des prés vert**s** – des moquettes rose**s**

des cravates orang**e** – des tricots bl**eu** marin**e**

Accorde les adjectifs comme il convient.

des vêtements marron......	des pays désert......
des cheveux brun......	ses lacets dénoué......
des fleurs rouge......	une eau clair...... et pur......
une fillette blond......	une nappe bleu...... vert......
des sièges noir......	des chaussettes jaune...... d'or......
des murs peint......	des costumes gri...... clair......
des pelouses entretenu......	des employés municip......
une sauce piquant......	une jupe fendu......

●●●➤ *Compare avec le corrigé p. 40.* NOTE TON SCORE ... /20

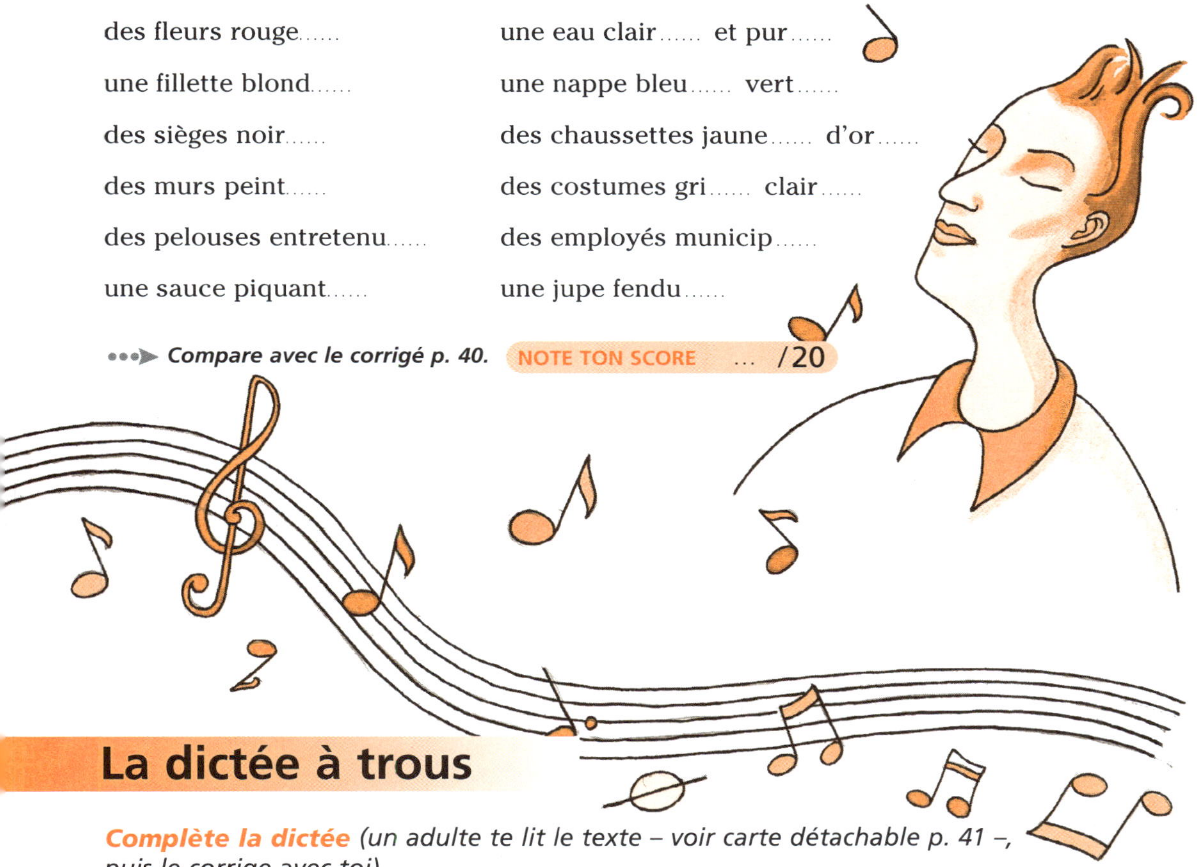

La dictée à trous

Complète la dictée *(un adulte te lit le texte – voir carte détachable p. 41 –, puis le corrige avec toi)*.

IMAGE D'ENFANCE

Un souvenir me revint brusquement, presque une vision. .... fille était au piano. Nous ne la voyions que de dos. Elle portait de .... chaussettes .... Ses pieds ne touchaient pas le plancher. Son lacet .... battait la mesure. Elle avait une natte .... très .... et .... qui bougeait dans son dos. La natte .... était terminée .... barrette .... qui représentait .... ou .... d'eau.

NOTE TON SCORE ... /20

La dictée sans filet

Fais la dictée *(un adulte te lit le texte).*

IMAGE D'ENFANCE

Évaluation ***Corrige ta dictée*** *(avec l'aide d'un adulte)* ***et évalue ton travail.***

La dictée compte **75** mots.

Tu as bien orthographié .... mots.

0 5 10 15 20 25 30 35 40 45 50 55 60 65 70 75 80 85 90

Tu as mal orthographié .... mots.

Recopie deux fois chaque mot ou groupe de mots mal orthographié sur un cahier d'essai.

L'autodictée

Fais l'autodictée 7 qui se trouve p. 83.

Si tu as fait une ou plusieurs erreurs, recopie l'autodictée sur un cahier d'essai.

Dictée de contrôle p. 43

Prolongements

Examine ta dictée sans filet.

Si tu as mal orthographié les mots soulignés, fais cet exercice.
Écris au féminin.

une oreille musicien........
une coupure net........
une peinture fraî........
une remarque gentil........
une dou........ caresse
une serviette violet........
une attitude gracieu........

une gros........ bêtise
une vieil........ armoire
une gamine boudeu........
une place publi........
une population sporti........
des lectures favori........
une voiture ancien........

Si tu as mal orthographié les mots en couleur, fais cet exercice.
Écris les verbes à l'imparfait de l'indicatif.

(bouger)	je	nous	vous ....
(voir)	tu	vous	elle ....
(avancer)	nous	tous	qui .... ?
(se protéger)	je	il	ils ....
(boire)	Luc	tu	elles ....
(peindre)	on	nous	tu ....
(foncer)	Eva	je	certains ....

Corrigés p. 40

Le mot des malins

LE CHOLÉRA

Périodiquement, les pays tropicaux connaissent de redoutables épidémies de **choléra**. Les premiers symptômes de cette maladie, très contagieuse, apparaissent quelques jours après avoir bu de l'eau souillée ou consommé des aliments avariés. Les enfants, les personnes âgées, ceux qui ne mangent pas à leur faim, sont les plus vulnérables. Les médecins sont désarmés, car il faudrait désinfecter tous les locaux où vivent ces malades et surtout leur donner à boire de l'eau pure, ce qui, dans ces pays pauvres, est souvent impossible.

Dictées de révision p. 60

CHAPITRE 8

L'accord verbe – sujet

CONSEILS

1 **Le verbe s'accorde toujours avec le nom (ou le pronom) principal du groupe sujet, même s'il se trouve loin du verbe.**

Les **enfants** du Sahel meurent de faim.

Le **sentier** que nous avons emprunté ne conduit nulle part.

Ceux qui fument plus d'un paquet de cigarettes par jour toussent beaucoup.

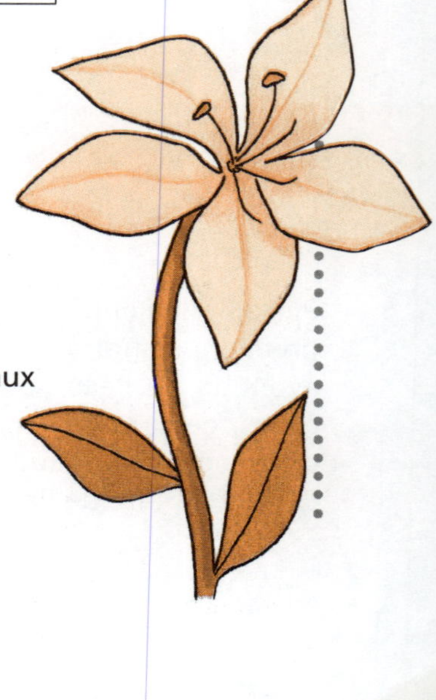

2 Le **roi** des animaux terrorise les gazelles.

Pour trouver le groupe sujet, on peut :

- **poser la question « Qui est-ce qui » ? avant le verbe.**

Qui est-ce qui terrorise les gazelles ? → Le roi des animaux

- **l'encadrer par « C'est .... qui ».**

C'est le **roi des animaux** qui terrorise les gazelles.

1 Le son [o]

Préparation (p. 7)

la b**eau**té	le chari**o**t	le n**ô**tre	un rest**au**rant
il f**au**t	les trav**aux**	la g**au**che	le rep**os**
un joy**au**	un maill**ot**	le mant**eau**	la h**au**sse
le roul**eau**	un surs**aut**	le hubl**ot**	un barr**eau**
le pian**o**	une s**au**ce	un encl**os**	un escarg**ot**

Prolongements (p. 9)

la beaut**é**	la vall**ée**	la libert**é**	la charit**é**	la mont**ée**
la poign**ée**	la dict**ée**	la qualit**é**	la vérit**é**	la veill**ée**
l'assembl**ée**	la sociét**é**	l'humidit**é**	la quantit**é**	la timidit**é**

le principal travail → les princip**aux** trav**aux**
un château royal → des chât**eaux** roy**aux**
un local central → des loc**aux** centr**aux**
le journal régional → les journ**aux** région**aux**
un bourreau brutal → des bourr**eaux** brut**aux**
un signal amical → des sign**aux** amic**aux**
un canal latéral → des can**aux** latér**aux**
un tribunal spécial → des tribun**aux** spéci**aux**

2 Nom ou verbe ?

Préparation (p. 11)

le délit	**le** salut	**il** délie	**je** salue
le balai	**elle** essaie	**elle** balaie	**un** essai
il sommeille	**le** soupir	**le** sommeil	**il** soupire
le travail	**un** emploi	**on** travaille	**elle** emploie
la voix	**il** appelle	**il** voit	**un** appel

Prolongements (p. 13)

Ces renseignements me seront très utiles pour achever mon travail.
Imprudente, Flora a laissé **ses** disques près du radiateur.
Avec **ses** parents, Jessy a parcouru le monde entier.
Après **ces** violentes chutes de neige, les routes sont impraticables.
Grégoire a terminé **ses** (**ces**) exercices de mathématiques.
Ces immeubles, en fort mauvais état, vont être réparés.

l'émi**ssion**	la vibra**tion**	la pa**ssion**	l'ambi**tion**	la tradi**tion**
la loca**tion**	la sensa**tion**	la pre**ssion**	la mi**ssion**	l'ascen**sion**
la dimen**sion**	l'agre**ssion**	l'élec**tion**	l'excur**sion**	la créa**tion**
l'atten**tion**	la démi**ssion**	la condi**tion**	l'opéra**tion**	la voca**tion**

3 Les consonnes doubles

Préparation (p. 15)

a**tt**eindre	la ca**nn**elle	pro**f**ond	une vesta**l**e	odo**r**ant
apla**t**ir	une tarti**n**e	si**ff**ler	exce**ll**ent	le ca**rr**elage
bo**tt**er	la chemi**n**ée	une a**ff**aire	a**ll**umer	la ca**r**otte
a**tt**iser	la dimi**n**ution	le coi**ff**eur	la co**ll**ine	la te**rr**eur
gra**tt**er	la voisi**n**e	le sou**ff**le	la vani**ll**e	de**rr**ière
la rece**tt**e	la commu**n**e	le carre**f**our	la co**l**onne	le ma**r**iage

Prolongements (p. 17)

M. Nervet a décid**é** d'arrach**er** les mauvaises herbes de son jardin.
Les informaticiens ont vérifi**é** le fonctionnement des ordinateurs.
Si tu dois march**er** longtemps, n'oublie pas d'emport**er** une gourde d'eau.
Les habitants de Milly ont organis**é** une grande fête.
Le prince de Galles doit succéd**er** à sa mère, la reine d'Angleterre.
En voulant gar**er** sa voiture, M. Martin a heurt**é** un poteau.

Quant à mes cousines, je crois **qu'elles** viendront samedi.
Le rugby, **quel** sport magnifique !
Pour **qu'elle** plaise aux enfants, il faudrait que cette émission soit amusante.
Dans **quels** casiers le mécanicien rangera-t-il les boulons ?
Quelles sont les chanteuses que vous préférez ?
Pour préparer cette tarte, de **quelle** recette t'es-tu inspirée ?

4 Les homonymes

Préparation (p. 19)

À l'issue du repas, chacun des convives paya son **écot**.
La protestation de M. Monteiro est restée sans **écho**.

À table ! Le rôti est cuit à **point**.
Vexé, Lucas mit son **poing** dans sa poche et ne répondit pas.

Tous les ans, la **fête** du vin nouveau attire la grande foule.
Ce champion olympique est désormais au **faîte** des honneurs.

Grâce au T.G.V., Paris n'est plus qu'à deux heures de Lyon.
Mme Larue ne déteste pas faire la **grasse** matinée.

Peu soigneux, le mécanicien a laissé une **tache** de cambouis sur le siège.
La **tâche** est immense ; il faudra deux mois pour réparer le toit.

Prolongements (p. 21)

le triom**ph**e	sou**ff**ler	le chi**ff**on	l'o**ff**ense	la **ph**rase	l'agra**f**e
un or**ph**elin	ra**ff**iné	le télé**ph**one	la s**ph**ère	le gol**f**eur	le dau**ph**in
la catastro**ph**e	a**ff**irmer	un **f**orban	la **f**range	la **ph**armacie	l'en**f**er

C'est **à** New York que l'on **a** installé le siège de l'ONU.
Thimonnier **a** inventé la machine **à** coudre en 1830.
Ce film **a** obtenu un succès mondial.
Vous ne trouverez pas une seule boulangerie ouverte **à** cette heure.
Le tribunal **a** rendu son verdict : l'accusé est condamné **à** une peine de prison.
Le facteur **a** beaucoup de mal **à** retenir le nom de tous les locataires.
M. Bouvier n'**a** encore jamais manqué l'ouverture de la pêche **à** la truite.

5 Les lettres muettes

Préparation (p. 23)

l'auto**m**ne	le remerci**e**ment	l'acom**p**te	la mét**h**ode	**h**umide
le zénit**h**	la soi**e**rie	s'ass**e**oir	le débu**t**	se**p**t
un at**h**lète	le pie**d**	sou**h**aiter	ba**p**tiser	le dra**p**
le vé**h**icule	l'**h**onneur	l'escro**c**	l'instin**ct**	l'ent**h**ousiasme
le ne**z**	le scul**p**teur	la san**g**sue	un rabai**s**	la vin**g**taine
le ryt**h**me	un débri**s**	in**h**abité	la gai**e**té	le repo**s**

Prolongements (p. 25)

Peu **fréquentée**, cette route n'en est que plus pittoresque.
Alphonse de Lamartine finit ses jours complètement **ruiné**.
Emballée soigneusement, la machine ne craint pas les chocs.
À la vue du monstre, les spectateurs restèrent **paralysés**.
Le prix total s'entend main-d'œuvre et fournitures **comprises**.
Grossie par les pluies, la Seille recouvre les champs.
Le chanteur est sans voix ; ses concerts sont **annulés**.
Cette usine emploie de nombreux travailleurs **immigrés**.

la piè**c**e	le **s**ervice	la répon**s**e	la **c**ervelle	l'a**ss**iette
le ma**ss**if	au**ss**itôt	le ma**ss**age	le gla**ç**on	le **c**inéma
immen**s**e	la pare**ss**e	le **s**irop	la **s**ociété	le rin**ç**age
gra**c**ieux	la cai**ss**e	on aper**ç**oit	le rempla**ç**ant	le bu**s**te

6 Le pluriel des noms

Préparation (p. 29)

un jeu → des j**eux**
un bureau → des bur**eaux**
un clou → des clou**s**
mon fauteuil → mes fauteuil**s**
un lapin → des lapin**s**
un tapis → des tapis
un couloir → des couloir**s**
mon travail → mes trav**aux**
un trou → des trou**s**
le rideau → les rid**eaux**

un animal → des anim**aux**
un oiseau → des ois**eaux**
un vœu → des vœu**x**
ce convoi → ces convoi**s**
cette année → ces année**s**
un trou → des trou**s**
un noyau → des noy**aux**
un hôpital → des hôpit**aux**
son jardin → ses jardin**s**
un pneu → des pneu**s**

Prolongements (p. 31)

un après-midi → des après-midi
un oiseau-mouche → des oiseau**x**-mouche**s**
un coffre-fort → des coffre**s**-fort**s**
un couvre-lit → des couvre-lit**s**
un poisson-lune → des poisson**s**-lune**s**
un sous-marin → des sous-marin**s**

une auto-école → des auto-école**s**
un casse-tête → des casse-tête
un pare-brise → des pare-brise
une demi-heure → des demi-heure**s**
un porte-monnaie → des porte-monnaie
un monte-charge → des monte-charge

Attends-moi.
Dessine la lune.
Baisse-toi.
Habille-toi.
Cours vite.

Attendons-les.
Dessinons la lune.
Baissons-nous.
Habillons-nous.
Courons vite.

Attendez-nous.
Dessinez la lune.
Baissez-vous.
Habillez-vous.
Courez vite.

7 L'accord des adjectifs

Préparation (p. 33)

des vêtements marron
ses lacets dénoué**s**
une fillette blond**e**
des chaussettes jaune d'or
des pelouses entretenue**s**
une jupe fendu**e**

des pays désert**s**
des fleurs rouge**s**
une nappe bleu vert
des murs peint**s**
des employés municip**aux**

des cheveux brun**s**
une eau clair**e** et pur**e**
des sièges noir**s**
des costumes gris clair
une sauce piquant**e**

Prolongements (p. 35)

une oreille musici**enne**
une coupure ne**tte**
une peinture fraî**che**
une remarque genti**lle**
une dou**ce** caresse

une serviette viole**tte**
une attitude gracieu**se**
une gro**sse** bêtise
une vie**ille** armoire
une gamine boudeu**se**

une place publi**que**
une population sporti**ve**
des lectures favori**tes**
une voiture anci**enne**

je bougeais	nous bougions	vous bougiez
tu voyais	vous voyiez	elle voyait
nous avancions	tous avançaient	qui avançait ?
je me protégeais	il se protégeait	ils se protégeaient
Luc buvait	tu buvais	elles buvaient
on peignait	nous peignions	tu peignais
Eva fonçait	je fonçais	certains fonçaient

8 L'accord verbe – sujet

Préparation (p.49)

Le vent qui souffle du Nord nous fait tressaillir.
Aujourd'hui, les rues de la ville offrent un spectacle peu banal.
Dans ce guide se trouvent de multiples renseignements.
Voici le magazine que les jeunes préfèrent.
La violence et le racisme, Vincent les hait.
Les cassettes que nous avons achetées plaisent à nos parents.
Roxy et Tabac jouent avec un morceau de tissu.
La situation de certains chômeurs préoccupe le gouvernement.
Les enfants jeunes confondent parfois certaines lettres.
Ton numéro de téléphone n'apparaît pas sur l'écran.

Prolongements (p. 51)

Aucun de ces tireurs ne **peut** atteindre la cible.
Nulle barque ne s'**aventure** sur cet étang.
Chacun **garde** un excellent souvenir de ce concert.
Rien ne **résiste** à cette tornade.
Personne ne **signe** le registre.
Certains **dépensent** l'argent sans compter.
Pas un seul des candidats ne **répond** à la question.

Textes des dictées

à trous ou sans filet

CHAPITRE 1 – LA BEAUTÉ

Les Anciens avaient des goûts de beauté différents des nôtres : les petits fronts, les sourcils joints étaient des agréments dans le visage féminin. Dans quelques pays des Indes, il faut, pour être belle, avoir les dents noires et les **cheveux** blancs. L'un des principaux **travaux** des femmes est d'y parvenir au moyen d'herbes. En Chine, c'est un joyau que d'avoir le visage large et le ventre fort gras. Qualités et défauts sont jugés différemment selon les peuples.

D'après Buffon, *Histoire naturelle*.

CHAPITRE 2 – INTERNAT

Tintement de cloche pour l'entrée en classe, cloche qui annonce les **récréations**, qui délie toutes ces jeunes jambes. Cloche encore qui balaie net les jeux et les cris. Cloche enfin pour le dortoir où chacun, avant le sommeil, va pouvoir retrouver ses rêves préférés. Thomas et Alex gardent des hannetons dans une boîte. Renaud travaille ses muscles et le soir, il se voit champion cycliste. Avec son album de timbres-poste, Benoît salue avant de s'endormir toutes les **nations** de la Terre.

D'après P. Véry, *Les Disparus de Saint-Agil*, éditions du Rocher, J.-P. Bertrand.

CHAPITRE 3 – MA VOISINE

Chez Antoinette, tout est petit mais confortable et profond. Pour atteindre la cheminée et les enfants, je dois enjamber les Trois Petits Cochons, botter le derrière du Loup, aplatir la maison de Dame Tartine. Antoinette a le don d'allumer des feux odorants, **qu'elle** parfume de cannelle et de vanille. Le feu vit sous son souffle. Il faut voir avec **quelle** patience elle gratte les bûches, les presse, les retourne, attise les braises d'un rose indien. Antoinette est une vestale.

D'après Hortense Dufour, *L'Écureuil dans la roue*, Grasset.

CHAPITRE 4 – UN GRAND ASTRONOME

En 1633, Galilée est au faîte de sa gloire grâce **à** la célèbre lunette qu'il **a** mise au point. Pourtant, ce vieil homme comparaît au banc des accusés devant les juges de l'Inquisition. Galilée **a** découvert que les planètes sont des sphères, que le Soleil **a** des taches et, en écho **à** Copernic, il affirme que la Terre tourne autour du Soleil. En ce temps-là, la vérité scientifique peut conduire **à** la mort si elle est contraire aux Saintes Écritures.

D'après Jean-Pierre Maury, *Galilée, le messager des étoiles*, Gallimard.

CHAPITRE 5 – CAMILLE CLAUDEL

L'après-midi d'automne vient se coucher aux pieds du sculpteur. À côté d'elle, dispersées dans la **pièce**, on **aperçoit** des sculptures recouvertes de linges humides. Malgré l'enthousiasme de ses amis, Camille n'a pas voulu abandonner son buste et les suivre. Elle n'a pas encore fini comme elle le souhaiterait. Et pourtant, la soirée est donnée en l'honneur des artistes du Salon de mai 1882. Mais Camille n'a que dix-sept ans, elle redoute la gaieté de la **société**.

D'après Anne Delbée, *Une femme*, Presses de la Renaissance.

CHAPITRE 6 – EN MISSION

Pendant des après-midi, ombre de ma mère, petite fille accrochée à sa main ferme, j'allais connaître tous les couloirs, tous les bureaux. Ces années, il a fallu quitter le jardin de Suresnes et ses jeux.

Pour retrouver mon père, ma mère m'a emmenée partout avec elle, m'a perchée sur des fauteuils bancals à clous dorés, m'a posée sur des tapis persans.

« **Attends**-moi, je reviens, **dessine** des petits lapins dans la forêt. »

Avec elle, la vie n'a jamais été autrement que belle.

D'après M. Chaix, *Les Lauriers du lac de Constance*, Le Seuil.

CHAPITRE 7 – IMAGE D'ENFANCE

Un souvenir me revint brusquement, presque une vision. Une petite fille était au piano. Nous ne la **voyions** que de dos. Elle **portait** de grosses chaussettes jaune bouton d'or. Ses pieds ne **touchaient** pas le plancher. Son lacet dénoué **battait** la mesure. Elle avait une natte brune très épaisse et courte qui **bougeait** dans son dos. La natte musicienne était terminée par une petite barrette bleu vert qui **représentait** une grenouille ou une tortue d'eau.

D'après Pascal Quignard, *Les Escaliers de Chambord*, Gallimard.

CHAPITRE **8** – **SOLITUDE**

Le vent qui soufflait du Nord hier, fait tressaillir par endroits le flanc meurtri des arbres. Je vais souvent à la montagne dormir. Je voudrais me glisser dans une forêt où les plantes se refermeraient et s'étreindraient derrière moi. J'imagine un étang où nulle barque ne s'aventurerait. Il y a **deux iris** jaunes dans l'eau verte. Si le courant les emportait, c'est qu'ils seraient décapités. Merci d'être, sans jamais te casser, iris, ma fleur de gravité.

D'après René Char, *Commune présence*, Gallimard.

CHAPITRE **9** – **LES MAIRES FRANÇAIS**

Autrefois paysans, ils ont laissé la place à un artisan, un employé, un enseignant. La complexité croissante de l'administration a imposé des connaissances générales et techniques. Le maire est choisi pour sa capacité de relation et de négociation avec les autorités. Aucun repas de chasseurs, aucune fête des écoles ne lui est épargné. Sans compter **son** témoignage personnel qui est attendu lors des cérémonies qui marquent la naissance, le mariage et la mort. Les maires **sont** identifiés à leur commune.

D'après Jocelyne George, *Histoire des maires*, Plon.

CHAPITRE **10** – **VÉRITÉS**

Depuis qu'on a remarqué qu'avec le temps les vieilles folies deviennent sagesse, et que les anciens mensonges ont produit de grosses vérités, on en a de mille espèces.

Celles qu'on sait sans oser les divulguer, car toute vérité n'est pas bonne à dire, et celles qu'on vante, sans y ajouter **foi**, car toute vérité n'est pas bonne à croire. Il n'y a que mon amour pour Suzon qui soit une vérité de bon **aloi**.

D'après Beaumarchais, *Le Mariage de Figaro*, acte IV, scène 1.

CHAPITRE **11** – **RÉVEIL DOULOUREUX**

Le soldat repose **sur** le dos. Il veut se tourner, **mais** il ne réussit pas à bouger, une sorte de torpeur lui paralyse tout le corps. Seuls les avant-bras et les mains se meuvent **avec** une certaine aisance. Ce doit être la piqûre qui donne au soldat cette nausée qu'il ressent depuis son réveil. Il se souvient parfaitement de la motocyclette, de la route. Ensuite ? Il ne sait **plus** ce qui vient **après** : l'hôpital **sans** doute.

D'après Alain Robbe-Grillet, *Dans le labyrinthe*, éditions de Minuit.

CHAPITRE **12** – **RÊVE EXOTIQUE**

J'irai dans les îles lointaines et je me construirai sur le rivage une cabane de bois verni. Je mangerai le poisson de mes pêches, je boirai le lait de noix de coco. J'apprendrai la musique typique et tu viendras me rejoindre dans ma case, sur une terre de **corail** qui n'appartiendra à personne. Je te montrerai mes trouvailles. On ouvrira une épicerie-buvette. Les enfants courront nus sur la plage. Les cyclones se détourneront de leur route pour nous épargner.

D'après Jean Cayrol, *Histoire d'une maison*, Le Seuil.

CHAPITRE **13** – **UN DÎNER CHEZ LE SOUS-PRÉFET**

À huit **heures**, les battants de la salle à manger s'ouvrirent. Chacun retint son pas dans le vestibule, par dignité. Puis l'on entra. Le sous-préfet fit le geste circulaire de prendre place. Le repas commença, d'abord silencieux. Peu à peu les convives prirent leur élan. Le dîner fut fort simple : trois entrées, une demi-douzaine de plats divers, enfin les desserts ! Le banquet se termina dans la bonne **humeur** et les convives, bras dessus, bras dessous, s'éloignèrent de la maison.

D'après Villiers de l'Isle-Adam, *Contes cruels*, Garnier.

CHAPITRE **14** – **LE SKI : QUATRE MILLE ANS D'HISTOIRE**

Le 11 avril 1897, le *Petit Journal* a consacré sa page de couverture, en couleur, à un explorateur norvégien, Nansen, qui avait traversé le Groenland à skis : **cinq cents** kilomètres de neige, de glace, de froid et de faim. On sait depuis longtemps que les historiens ont déniché des gravures représentant des chasseurs chaussés de patins de bois aux formes invraisemblables. Certains modèles de skis, retrouvés dans les marais scandinaves, avaient permis aux Lapons de se déplacer rapidement sur la neige depuis des siècles.

D'après Yves Ballu, *L'Hiver de glisse et de glace*, Gallimard.

CHAPITRE **15** – **UN AVENIR RADIEUX**

Si Monsieur Zaremba voulait nous aider, ma mère n'aurait plus à monter et à descendre cent fois par jour le maudit escalier. Elle pourrait aller passer un mois à Venise. Au lieu de courir tous les matins au marché de la Buffa, elle parcourrait avec **grâce** la promenade des Anglais dans un fiacre. Moi, je partirais enfin à la **conquête** du monde et je reviendrais couvert de gloire. J'imaginais déjà la **tête** de mes copains quand ils me verraient **apparaître** à la barre de mon yacht.

D'après R. Gary, *La Promesse de l'aube*, Gallimard.

Textes des dictées

de contrôle

CHAPITRE 1 – À L'AÉROPORT

Dimitri va prendre pour la première fois l'avion afin de rejoindre son oncle qui vit au Canada. Ses parents le conduisent à l'aéroport plusieurs heures à l'avance. Le hall est immense et il se sent un peu perdu. Les horaires des vols sont affichés sur un immense panneau. Il place ses bagages sur un chariot et se dirige vers le bureau d'enregistrement. Il demande une place près d'un hublot et remet ses valises à l'hôtesse. Il ne reste plus qu'à attendre l'embarquement.

CHAPITRE 2 – LA RECHERCHE D'UN EMPLOI

Monsieur Dumas n'a plus de travail depuis dix mois. Le petit atelier de mécanique, où il avait passé plusieurs années à réparer des moteurs d'avion, est maintenant fermé. Toute sa famille lui apporte un soutien permanent et essaie de l'aider à vivre comme avant, mais ce n'est pas facile d'attendre les éventuels appels téléphoniques ou de parcourir les petites annonces des journaux. Il a entendu parler d'une usine qui emploie des ouvriers qualifiés ; peut-être aura-t-il la chance d'être retenu.

CHAPITRE 3 – UN GALA DE DANSE

Depuis de nombreux mois, Amélie a suivi les cours de Simone Tardy, une ancienne danseuse étoile. Chaque semaine, avec d'autres camarades, elle s'est exercée à enchaîner ses mouvements au rythme de la musique et à allonger ses jambes pour mettre son corps en valeur. Aujourd'hui, c'est le grand jour, celui du gala de fin d'année. Dans les coulisses, immobile, la petite troupe attend le signal pour entrer en scène. Soudain, Simone frappe dans ses mains et toutes les danseuses bondissent.

CHAPITRE 4 – SUR LE COURT

Charlène participe pour la première fois de sa vie à un tournoi de tennis. Elle joue d'abord contre une débutante, comme elle. La première manche est très disputée et les deux joueuses réalisent des prouesses. Finalement, Charlène enlève ce premier set. Lors de la seconde manche, son adversaire, fatiguée, abandonne. Au deuxième tour, Charlène rencontrera la championne de l'année dernière. Qui sait, peut-être parviendra-t-elle à la battre. Ce serait un véritable exploit, mais il ne faut pas trop y compter !

CHAPITRE 5 – UN PIQUE-NIQUE MOUVEMENTÉ

Avec ses amies, Leslie a décidé d'aller passer une journée à la campagne et de prendre leur repas sur place. Elles ont emporté tout ce qu'il faut pour ne pas mourir de faim. Après des heures de marche le long d'un parcours vallonné, elles arrivent dans un petit bois où elles veulent observer un arrêt gastronomique. Ce qui n'était pas prévu, c'est que les fourmis s'invitent au repas ! Dans sa précipitation, Leslie a installé le drap servant de nappe sur une fourmilière.

CHAPITRE 6 – LE TRAVAIL DES ENFANTS

Si, en France, les enfants vont à l'école, il n'en est pas de même dans certains pays. Dès l'âge de six ans, les enfants pauvres exécutent des travaux pénibles. Ils tissent des tapis ; ils cousent des ballons de football ; ils confectionnent des petits bijoux qui seront vendus aux touristes, à peine étonnés de voir travailler de si jeunes ouvriers. Pour ces malheureux, la vie est un véritable esclavage et le monde n'a pas à être fier de son silence à ce sujet.

CHAPITRE 7 – LES VÊTEMENTS À LA MODE

Autrefois, seuls les adultes suivaient la mode vestimentaire. Mais, depuis l'apparition de la minijupe, les adolescents, et même les enfants, ont pris l'habitude de s'habiller en référence aux costumes originaux des chanteurs ou aux tenues décontractées des sportifs talentueux. On voit ainsi des jeunes porter de longues chemises aux couleurs provocantes, des pantalons rouges ou jaunes assortis à leur chevelure ; aux pieds, ils ont des chaussures dont les semelles ressemblent à celles des cosmonautes. Il faut se réjouir de cette diversité.

CHAPITRE 8 – UNE PANNE SINGULIÈRE

La mobylette que Ricardo vient d'acheter est en panne : impossible de la faire démarrer. Ses amis le poussent mais l'engin ne veut rien savoir ; il tousse, il crache une fumée noire et refuse de rouler plus de quelques mètres. Certains conseilleurs lui disent de changer les bougies ; d'autres veulent vérifier le niveau d'essence. Ricardo est vexé car il se voyait déjà doubler les voitures sur l'autoroute. Finalement, il attendra que le mécanicien examine en détail le fonctionnement de son nouveau bolide !

CHAPITRE 9 – CHRISTOPHE COLOMB

Persuadé qu'il était possible de rejoindre les Indes en prenant la direction de l'ouest, Christophe Colomb a réussi à convaincre la reine d'Espagne, Isabelle la Catholique, qui l'a fermement encouragé à partir. Il a préparé avec soin son expédition en recrutant des marins confirmés et puis la petite flotte est partie. La traversée a duré plusieurs semaines et nombre de ses compagnons étaient découragés. Enfin, au soir du 11 octobre 1492, un matelot a crié : « Terre ! ». Christophe Colomb ne savait pas qu'un nouveau continent venait d'être découvert.

CHAPITRE 10 – LA MORT D'UN QUARTIER

Depuis longtemps, on voyait le quartier Saint-Clair se vider de ses habitants parce que personne ne songeait à entretenir les maisons qui tombaient en ruine. On disait que le sol n'était pas stable et qu'une catastrophe pouvait survenir à tout instant. Un jour, les conseillers municipaux ont pris une décision courageuse, celle de raser l'ensemble du quartier. Des engins monstrueux ont envahi ce territoire. Une journée a suffi pour qu'il ne reste plus rien de ce vaste ensemble, tout juste un terrain vague.

CHAPITRE 11 – ALLIAGE EN CONCERT

Ce soir, le groupe Alliage se produit au stade municipal. Depuis des mois, tous les jeunes de la région attendent cet événement exceptionnel ; sous aucun prétexte ils ne veulent laisser passer l'occasion d'entendre leurs musiciens préférés. Bien avant l'entrée en scène des artistes, la foule se presse sur la pelouse et essaie de patienter en chantant et en dansant parce que certains possèdent des cassettes enregistrées lors du concert précédent ! Soudain, les projecteurs s'allument et des hurlements saluent l'arrivée des idoles.

CHAPITRE 12 – LA CONQUÊTE DE L'ESPACE

Commencée avec le lancement du premier satellite artificiel, la conquête de l'espace se poursuivra au cours du siècle. Après la Lune, les hommes iront sur Mars où ils découvriront peut-être des traces de vie. On saura alors s'il est possible d'installer une base de départ pour des voyages plus lointains. Nous apprendrons à mieux connaître l'univers et les mystères actuels seront les certitudes de demain. Vous verrez qu'en 2100, aller sur Jupiter sera aussi simple que de se rendre aujourd'hui en Afrique.

CHAPITRE 13 – UN INCIDENT AU COLLÈGE

Alors que, comme chaque matin, ils se rendaient tranquillement au collège, les élèves eurent la surprise de voir un camion de pompiers devant l'entrée. Inquiets, ils s'approchèrent mais le principal tint tout de suite à les rassurer : « Ce n'est pas grave, juste l'éclatement d'un tuyau d'eau chaude. » Peu à peu, chacun put se rendre compte que, effectivement, les dégâts n'étaient pas très importants. Seuls les vestiaires du gymnase durent être fermés pendant quelques jours en attendant que les murs soient secs.

CHAPITRE 14 – L'AMÉRIQUE

Samir et ses copains avaient bien préparé leur voyage. Ils s'étaient rendus à la bibliothèque, où ils avaient consulté de nombreux ouvrages décrivant la vie dans ce pays au nom magique. À l'heure prévue, ils sont montés dans un avion géant. À bord, le pilote leur a donné des informations sur les conditions du vol. Le temps leur a paru bien court. Ce n'est que lorsque l'avion a commencé à survoler New York qu'ils ont vraiment pris conscience d'arriver sur un autre continent.

CHAPITRE 15 – UN MÉTIER PASSIONNANT

Plus tard, Jessy voudrait écrire des romans. Il faut dire qu'elle a déjà un certain talent pour raconter les histoires et qu'elle est particulièrement brillante en français. Dans dix ans, elle est convaincue que les éditeurs se battront pour publier ses œuvres. Dans les expositions, elle se verrait bien signer des centaines de dédicaces pour ses admirateurs. Mais ses parents souhaiteraient qu'elle n'oublie pas de travailler les autres matières. « Tu devrais y penser, disent-ils, il se pourrait que tu en aies besoin. »

un iris
une agrafe
une ancre
un automate
une autoroute
un globule
une oasis
une primeur
un pétale
un insigne
un abîme
une primevère
une antilope
une idole
un horoscope
un trophée
une artère
une azalée
une atmosphère
un rail

9 L'accord des participes passés

Préparation (p. 53)

Les premières fraises **sont arrivées** sur le marché.
En quelques années, cette ville **est devenue** une cité-dortoir.
Mme Galichet **a annulé** sa commande.
Les spectateurs **sont restés** trois heures à attendre le passage des coureurs.
En première mi-temps, les Français **ont marqué** trois buts.
Marie-Agnès **s'est installée** au bord de la piscine.
Les dernières portes, le skieur les **a frôlées**.
Le vendeur nous **a garanti** la solidité de cet aspirateur.
Les images que je t'**ai données**, tu les **as rangées**.

Prolongements (p. 55)

Des affiches sont collées sur les murs.
Au passage du défilé, de petits drapeaux sont agités.
Les vieilles personnes sont respectées par les jeunes.
La sécurité du véhicule est améliorée par ces aménagements.

On admire Gérard d'Aboville pour **son** courage fantastique.
M. Laurent se souviendra longtemps de **son** premier accident.
François perd **son** temps à vouloir devenir un champion de golf.
Chaque matin, mes voisins **sont** réveillés par le bruit du T.G.V.
Les vainqueurs **sont** félicités par le président de la République : ils **sont** très émus.

10 on – ont

Préparation (p. 57)

Le brouillard était si épais que les avions **ont** attendu pour se poser.
Quand le mois de juillet approche, **on** se réjouit à l'idée de partir en vacances.
Les supporters **ont** réservé un accueil chaleureux aux champions de France.
Dans le monde entier, **on** cherche un vaccin contre le sida.
Les Vikings **ont** découvert l'Amérique bien avant Christophe Colomb.
En détruisant les forêts, **on** ruine l'avenir de la planète.
Les deux parties en présence **ont** conclu un accord à l'amiable.
Du haut de la colline, **on** distingue le château de Cormatin.
On peut rejoindre Davayé en empruntant ce sentier.
Les astronomes **ont** aperçu une nouvelle comète.

Prolongements (p. 59)

On n'a plus la possibilité de fumer dans cette salle.
Avec quelques précautions, **on** aurait pu éviter de polluer la rivière.
Lorsque le temps des soldes arrive, **on n**'hésite pas à acheter des vêtements.
On n'a jamais retrouvé l'arme du crime.
En France, **on** importe beaucoup de pétrole.
Le 1er Mai, **on** offre quelques brins de muguet à ses amis.

J'ai essayé trois f**ois** de téléphoner à mon ami.
Autref**ois**, on faisait boire de l'huile de f**oie** de morue aux enfants.
M. Duvert a répondu en toute bonne f**oi** aux questions.
Cet avocat a une réputation de bon al**oi**.
Mme Reynier s'inquiète : elle prend du p**oids**.
Le rapide Avignon-Toulouse est attendu sur la v**oie** n° 4.

11 Le présent de l'indicatif

Préparation (p. 63)

Tu **rêves** d'aller passer huit jours de vacances en Suisse.
Vous **réchauffez** vos doigts engourdis par le froid.
Nous **commandons** des meubles de jardin.
Émilie **serre** son ours en peluche avant de s'endormir.
M. Viard **se sert** d'un tournevis pour installer cette étagère.
Les premières tulipes **fleurissent** dès la fin du mois de mars.
Pour déclarer mes revenus, je me **munis** des imprimés nécessaires.
Pascal ne se **souvient** pas du prix de ce produit.
Le malade **ressent** un léger picotement dans l'épaule.
Les Brésiliens pauvres **viennent** s'entasser dans les bidonvilles de Rio.

Prolongements (p. 65)

Les ballerines se **meuvent** avec grâce sur la scène de l'Opéra.
La secrétaire s'**assoit** devant son ordinateur.
Nous **prévoyons** un arrêt au prochain parking.
Je **reçois** de nombreux journaux publicitaires.
Le ticket de métro ne **vaut** que 1,30 €.
Les mages **voient**-ils l'avenir dans le marc de café ?
Je ne **crois** pas aux histoires de soucoupes volantes.
Nous ne **buvons** que du jus de fruits.
Tu nous quittes **avec** regret **mais** tu reviendras **bientôt**.
Depuis qu'elle suit un régime **sans** graisse, Mme Garrier a **beaucoup** maigri.
J'épluche les carottes et **ensuite** je laverai la salade.
Il n'y a **plus** de bureau de poste **dans** ce village.

12 Le futur simple

Préparation (p. 67)

Après cette petite réparation, tout **ira** bien.
Je **construirai** ce rectangle avec seulement une règle et un compas.
Quand il n'y **aura** plus de pain, nous **mangerons** des biscottes.
Vous ne **regretterez** sûrement pas d'avoir choisi ce modèle.
Au sortir du supermarché, Mme Varlet **recomptera** sa monnaie.
Avant de parler, tu **tourneras** sept fois ta langue dans ta bouche.
M. Boucharlat **tiendra** sa promesse.
En t'entraînant, tu **courras** les dix kilomètres en moins d'une heure.
Après l'anglais, nous **apprendrons** l'allemand ou l'espagnol.
J'espère que ces deux adversaires n'en **viendront** pas aux mains.

Prolongements (p. 69)

Je **boira**i un grand verre d'eau.
Pour aérer l'appartement, vous **ouvrirez** les fenêtres.
Nous **apprécierons** approximativement la distance à parcourir.
Les techniciens **vérifieront** le système de freinage.
Les oursons **se blottiront** près de leur mère.
Tu **recopieras** le résumé chez toi.
Ma sœur ne se **mariera** pas avant d'avoir achevé ses études.

les mur**ailles**	le cor**ail**	tes trouv**ailles**	une éc**aille**	ses méd**ailles**
le bét**ail**	des r**ails**	des dét**ails**	la p**aille**	la ferr**aille**
un port**ail**	le gouvern**ail**	des vol**ailles**	ce vitr**ail**	la bat**aille**
une ent**aille**	l'autor**ail**	la pag**aille**	une can**aille**	mon trav**ail**

13 Le passé simple

Préparation (p. 71)

Avant d'effectuer les calculs, les élèves **commencèrent** par lire le problème.
Énervé, le directeur **entra** dans une violente colère.
Le paquebot **s'éloigna** lentement du quai.
Dans l'obscurité, j'**eus** du mal à retrouver mon chemin.
Pressées par le temps, vous **fîtes** l'aller-retour en une heure.
Tu **pris** ce vulgaire caillou pour une pierre précieuse.
Toute sa vie, Marie Curie **vécut** fort modestement.
Mme Blumann **reçut** deux propositions d'emploi le même jour.
Au départ de ses amies, Laura ne **retint** pas longtemps ses larmes.
Les diligences **furent** victimes du développement des chemins de fer.

Prolongements (p. 73)

Ali Baba prononça la formule magique et les portes **s'ouvrirent**.
Au premier pétard, ils **fuirent** à toute allure.
Par leurs cris, ces garnements vont nous **étourdir**.
S'il s'arrête de fumer, M. Payan va peut-être **grossir** un peu.
Étienne et Rachel **recueillirent** un chat abandonné.
Effrayés, les chevaux **bondirent** hors de l'enclos.
Les clowns ont fait **rire** les enfants à gorge déployée.
Il faut **dire** les choses comme elles sont : tu nous ennuies !

la chal**eur**	la laid**eur**	la terr**eur**	une h**eure**	un malh**eur**
un chôm**eur**	la dem**eure**	la haut**eur**	ton class**eur**	le b**eurre**
ce camp**eur**	le ch**œur**	un vend**eur**	l'honn**eur**	la p**eur**
l'hum**eur**	la su**eur**	le rong**eur**	le c**œur**	l'horr**eur**

14 Les temps composés

Préparation (p. 75)

passé composé
Vous **avez répété** mes paroles au professeur de français.
Nous **avons renoncé** à déchiffrer ce message.
Le pape **a béni** les fidèles réunis place Saint-Pierre.
Comme elle était en bon état, M. Jacob **a pu** vendre facilement sa moto.
Un incident de dernière minute **est venu** perturber la fin du concert.

plus-que-parfait

Tous les automobilistes **avaient respecté** la limitation de vitesse.
Nadine **avait dû** s'y prendre à deux fois pour réussir son permis.
En une journée, le vent du nord **avait refroidi** l'atmosphère.
Le jardinier **avait utilisé** la tondeuse électrique.
Je croyais que ces arguments **avait ébranlé** tes certitudes.

Prolongements (p. 77)

La découverte de la pénicilline **a permis** de sauver des millions de vies.
Sacha **s'est assis** à l'arrière du véhicule.
La sonnerie du téléphone **a surpris** M. Joly dans son sommeil.
Le cyclone Peggy **a détruit** de nombreuses maisons.
Les pompiers **ont éteint** l'incendie en quelques minutes.
M. Lacouture **a offert** un bracelet à sa femme.
D'Artagnan **est mort** à la bataille de Maastricht.

M. Venuti a obtenu un prêt de **quatre mille** euros.
Dans cette usine, on fabrique **cinq cents** voitures par jour.
Aujourd'hui, Mme Thomas fête ses **quatre-vingts** ans.
Mme Rozans aura **quarante-cinq** jours de congé cette année.
Le T.G.V. traverse Prissé à **deux cent soixante** kilomètres à l'heure.
Trois millions d'habitants vivent dans la région parisienne.

15 Le conditionnel présent

Préparation (p. 79)

Nous **annulerions** volontiers notre abonnement au journal *Sixton*.
Si on prenait des précautions, les usines **pollueraient** moins.
Nous **trahirions** un secret en vous révélant le contenu de ce paquet.
Si M. Fayard t'accompagnait, tu **partirais** les yeux fermés.
Si nous faisions un six, nous **reviendrions** à la case « Départ ».
Si tu gagnais au loto, tu **aurais** vraiment de la chance.
Les riverains **verraient** d'un bon œil l'aménagement de ce carrefour.
Si vous preniez ce cachet, vous **pourriez** guérir rapidement.
Si nous avions l'espoir d'y trouver des champignons, nous **parcourrions** ce bois dans tous les sens.
Si Laurent était prévoyant, il **réserverait** une partie de ses économies pour payer son loyer.

Prolongements (p. 81)

Demain, nous **partirons** avec notre oncle.
Demain, je **partirai** avec mon oncle.
Si nous en avions la possibilité, nous **partirions** avec notre oncle.
Si j'en avais la possibilité, je **partirais** avec mon oncle.
Quand nous aurons visité Eurodisney, nous **reviendrons** tout heureux.
Quand j'aurai visité Eurodisney, je **reviendrai** tout heureux.
Si nous visitions Eurodisney, nous **reviendrions** tout heureux.
Si je visitais Eurodisney, je **reviendrais** tout heureux.

la gr**â**ce	le thé**â**tre	le ch**â**teau	la tra**î**ne	gracieux
la théorie	le bateau	le tra**î**tre	le dipl**ô**me	la cl**ô**ture
le diplomate	le clocher	la cime	la b**û**che	le doute
le plateau	l'ab**î**me	la ruche	la vo**û**te	le platane

Encadre le groupe sujet, souligne le nom principal et accorde le verbe au présent de l'indicatif.

(faire)	Le vent qui souffle du Nord nous .... tressaillir.
(offrir)	Aujourd'hui, les rues de la ville .... un spectacle peu banal.
(se trouver)	Dans ce guide .... de multiples renseignements.
(préférer)	Voici le magazine que les jeunes............................. .
(haïr)	La violence et le racisme, Vincent les ....
(plaire)	Les cassettes que nous avons achetées .... à nos parents.
(jouer)	Roxy et Tabac .... avec un morceau de tissu.
(préoccuper)	La situation de certains chômeurs .... le gouvernement.
(confondre)	Les jeunes enfants .... parfois certaines lettres.
(apparaître)	Ton numéro de téléphone n' .... pas sur l'écran.

••• ***Compare avec le corrigé p. 40*** NOTE TON SCORE ... /10

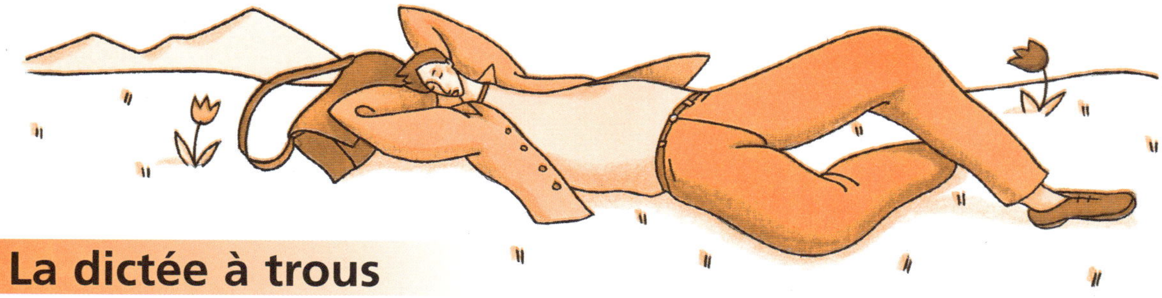

La dictée à trous

Complète la dictée *(un adulte te lit le texte – voir carte détachable p. 42 –, puis le corrige avec toi).*

SOLITUDE

Le vent qui .... du Nord hier, fait tressaillir par endroits le flanc .... Je .... souvent à la montagne dormir. Je .... me glisser dans une forêt où .... et .... derrière .... J'.................. ...... étang où nulle barque ne .... Il y .... iris jaunes dans l'eau verte. Si le courant les .... , c'............ qu'ils .... décapités. Merci d'être, sans jamais te casser, iris, ma fleur de gravité.

NOTE TON SCORE ... /20

La dictée sans filet

Fais la dictée *(un adulte te lit le texte).*

SOLITUDE

Évaluation

Corrige ta dictée *(avec l'aide d'un adulte)* ***et évalue ton travail.***

La dictée compte **76** mots.

Tu as bien orthographié .... mots.

0 5 10 15 20 25 30 35 40 45 50 55 60 65 70 75 80 85 90

Tu as mal orthographié .... mots.

Recopie deux fois chaque mot ou groupe de mots mal orthographié sur un cahier d'essai.

L'autodictée

Fais l'autodictée 8 qui se trouve p. 83.

Si tu as fait une ou plusieurs erreurs, recopie l'autodictée sur un cahier d'essai.

••• ***Dictée de contrôle p. 44***

Prolongements

Examine ta dictée sans filet.

***Si** tu as mal orthographié les mots soulignés, fais cet exercice.*
Accorde les verbes au présent de l'indicatif.

(pouvoir)	Aucun de ces tireurs ne .... atteindre la cible.
(s'aventurer)	Nulle barque ne .... sur cet étang.
(garder)	Chacun .... un excellent souvenir de ce concert.
(résister)	Rien ne .... à cette tornade.
(signer)	Personne ne .... le registre.
(dépenser)	Certains .... l'argent sans compter.
(répondre)	Pas un seul des candidats ne .... à la question.

***Si** tu as mal orthographié les mots en couleur, fais cet exercice.*
Avant de placer un article devant les noms suivants, cherche leur genre dans un dictionnaire.

.... iris	.... globule	.... abîme	.... trophée
.... agrafe	.... oasis	.... primevère	.... artère
.... ancre	.... primeur	.... antilope	.... azalée
.... automate	.... pétale	.... idole	.... atmosphère
.... autoroute	.... insigne	.... horoscope	.... rail

Corrigés p. 40 et p. 45

Le mot  des malins

LE TAXIDERMISTE

Vous avez certainement observé, dans les musées ou les expositions, des animaux dont on dit qu'ils sont empaillés. En fait, pour obtenir un tel résultat, des heures de travail sont nécessaires. Les bêtes, capturées ou abattues, doivent être conservées dans des conditions parfaites. Ensuite intervient le travail du **taxidermiste**. Les moindres détails apparaissent et l'animal, bien que mort, restitue l'image de la vie. Le plus difficile, disent les spécialistes, est de maintenir le pelage luisant des rongeurs.

Dictées de révision p. 60

CHAPITRE 9

L'accord des participes passés

CONSEILS

1 **Le participe passé employé avec l'auxiliaire <u>être</u> s'accorde avec le sujet du verbe.**

Mon frère est entr**é** au lycée à l'âge de quinze ans.

Ma sœur est entr**ée** au lycée à l'âge de quinze ans.

Mes cousins sont entr**és** au lycée à l'âge de quinze ans.

2 **Le participe passé employé avec l'auxiliaire <u>avoir</u> ne s'accorde pas avec le sujet du verbe mais avec le complément d'objet direct si ce dernier est placé avant le participe.**

Le menuisier a scié deux planches.

Ces deux planches, le menuisier les a sci**ées**.

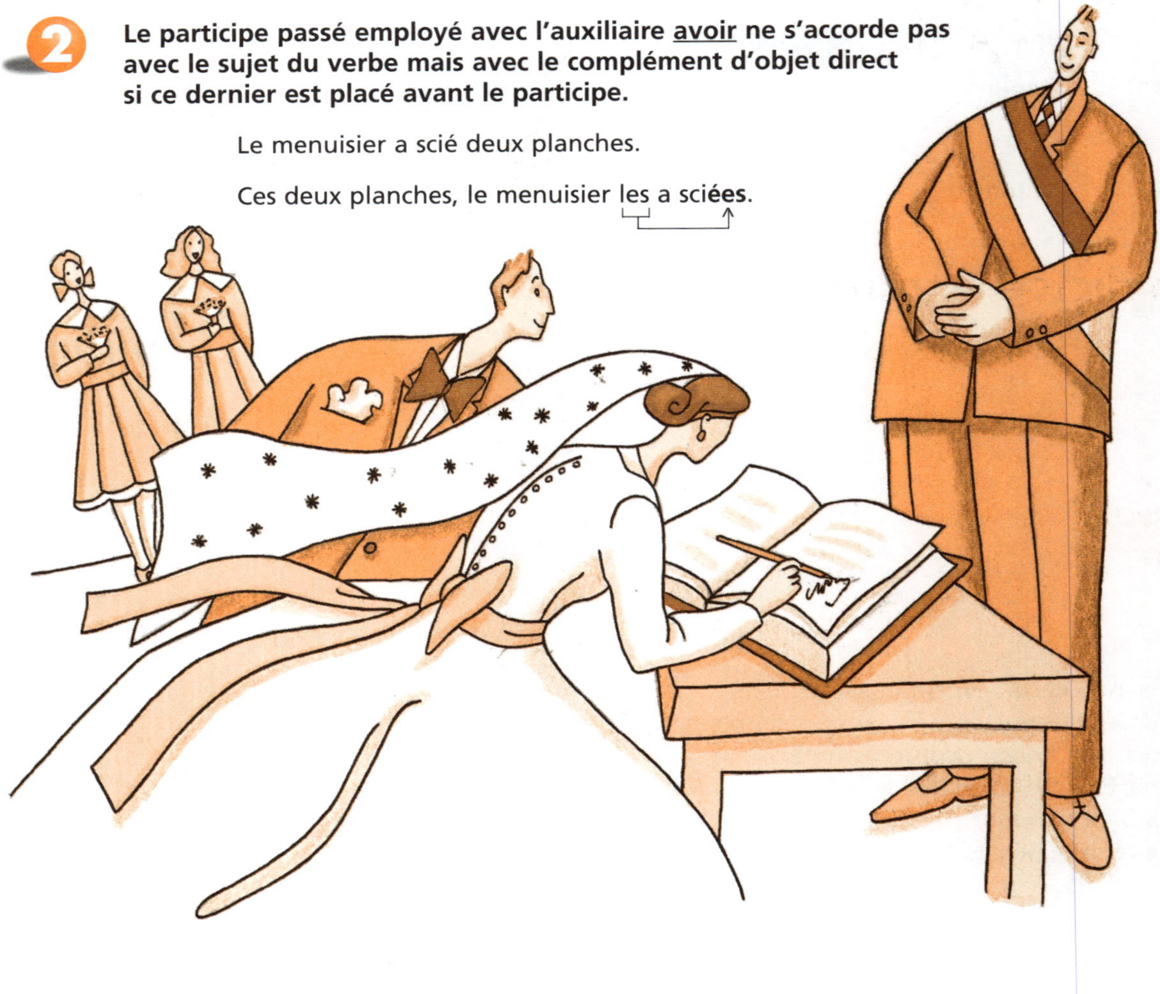

Écris les verbes au passé composé et accorde les participes passés comme il convient.

(arriver)	Les premières fraises .... sur le marché.
(devenir)	En quelques années, cette ville .... une cité-dortoir.
(annuler)	Mme Galichet .... sa commande.
(rester)	Les spectateurs .... trois heures au sommet du col.
(marquer)	En première mi-temps, les Français .... trois buts.
(s'installer)	Marie-Agnès .... au bord de la piscine.
(frôler)	Les dernières portes, le skieur les ....
(garantir)	Le vendeur nous .... la solidité de cet aspirateur.
(donner – ranger)	Les images que je t'.. , tu les ....

•••➤ *Compare avec le corrigé p. 45.* NOTE TON SCORE ... /10

La dictée à trous

Complète la dictée (un adulte te lit le texte – voir carte détachable p. 42 –, puis le corrige avec toi).

LES MAIRES FRANÇAIS

Autrefois paysans, ils ont .... la place .... un artisan, un employé, un enseignant. La complexité croissante de l'administration .... des connaissances générales .... techniques. Le maire .... sa capacité de relation .... de négociation avec les autorités. Aucun .... de chasseurs, aucune .... des écoles ne lui .... Sans .... témoignage personnel qui .... lors des cérémonies qui .... la naissance, le mariage ...... la mort. Les maires sont .... à leur commune.

NOTE TON SCORE ... /20

La dictée sans filet

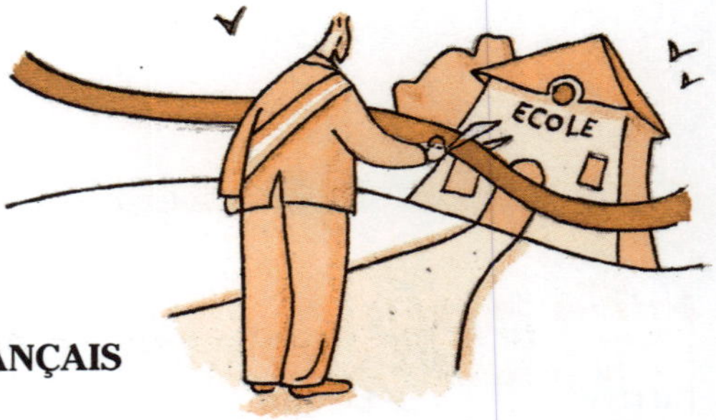

Fais la dictée (un adulte te lit le texte).

LES MAIRES FRANÇAIS

Évaluation

Corrige ta dictée (avec l'aide d'un adulte) **et évalue ton travail.**

La dictée compte **80** mots.

Tu as bien orthographié .... mots.

0 5 10 15 20 25 30 35 40 45 50 55 60 65 70 75 80 85 90

Tu as mal orthographié .... mots.

Recopie deux fois chaque mot ou groupe de mots mal orthographié sur un cahier d'essai.

L'autodictée

Fais l'autodictée 9 qui se trouve p. 83.

Si tu as fait une ou plusieurs erreurs, recopie l'autodictée sur un cahier d'essai.

Dictée de contrôle p. 44

Prolongements

Examine ta dictée sans filet.

Si ***tu as mal orthographié les mots soulignés, fais cet exercice.***
Transforme selon le modèle (les phrases sont mises à la forme passive).

On choisit le maire. → Le maire est choisi.

On colle des affiches sur les murs.

....

Au passage du défilé, on agite de petits drapeaux.

....

Les jeunes respectent les vieilles personnes.

....

Ces aménagements améliorent la sécurité du véhicule.

....

Si ***tu as mal orthographié les mots en couleur, fais cet exercice.***
***Complète avec* son *ou* sont.**

On admire Gérard d'Aboville pour .... courage fantastique.

M. Laurent se souviendra longtemps de .... premier accident.

François perd .... temps à vouloir devenir un champion de golf.

Chaque matin, mes voisins .... réveillés par le bruit du T.G.V.

Les vainqueurs .... félicités par le président de la République ;

ils .... très émus.

••• *Corrigés p. 45*

Le mot des malins

LES SHERPAS

Les plus hauts sommets de notre planète se trouvent au Népal. Depuis un siècle, ils ont attiré des milliers d'alpinistes passionnés. Mais ceux-ci n'aurait jamais pu gravir ces pentes redoutables sans l'assistance des **sherpas**. Ces hommes sont habitués à la haute altitude et ils sont capables de porter de lourdes charges pendant des heures. Dans leur enfance, ils ont suivi leur père et ont appris tous les secrets de la montagne et particulièrement à se méfier des caprices du temps.

••• *Dictées de révision p. 60*

CHAPITRE 10

on-ont

CONSEILS

1 **On est un pronom, toujours sujet du verbe (3e personne du singulier), qui peut être remplacé par un autre pronom (ou un nom).**

On choisit un dessert.

Elle choisit un dessert.

Éliane choisit un dessert.

2 **Ont est une forme conjuguée du verbe avoir qui peut être remplacée par une autre forme conjuguée de ce verbe : avaient (imparfait) ou auront (futur simple).**

Les agriculteurs **ont** répandu de l'engrais.

Les agriculteurs **avaient** répandu de l'engrais.

Les agriculteurs **auront** répandu de l'engrais.

Préparation

***Complète avec* on *ou* ont.**

Le brouillard était si épais que les avions .... attendu pour se poser.

Quand le mois de juillet approche, ... se réjouit à l'idée de partir en vacances.

Les supporters .... réservé un accueil chaleureux aux champions de France.

Dans le monde entier, ... cherche un vaccin contre le sida.

Les Vikings .... découvert l'Amérique bien avant Christophe Colomb.

En détruisant les forêts, ... ruine l'avenir de la planète.

Les deux parties en présence .... conclu un accord à l'amiable.

Du haut de la colline, ... distingue le château de Cormatin.

.... peut rejoindre Davayé en empruntant ce sentier.

Les astronomes .... aperçu une nouvelle comète.

•••➤ *Compare avec le corrigé p. 45.* NOTE TON SCORE ... /10

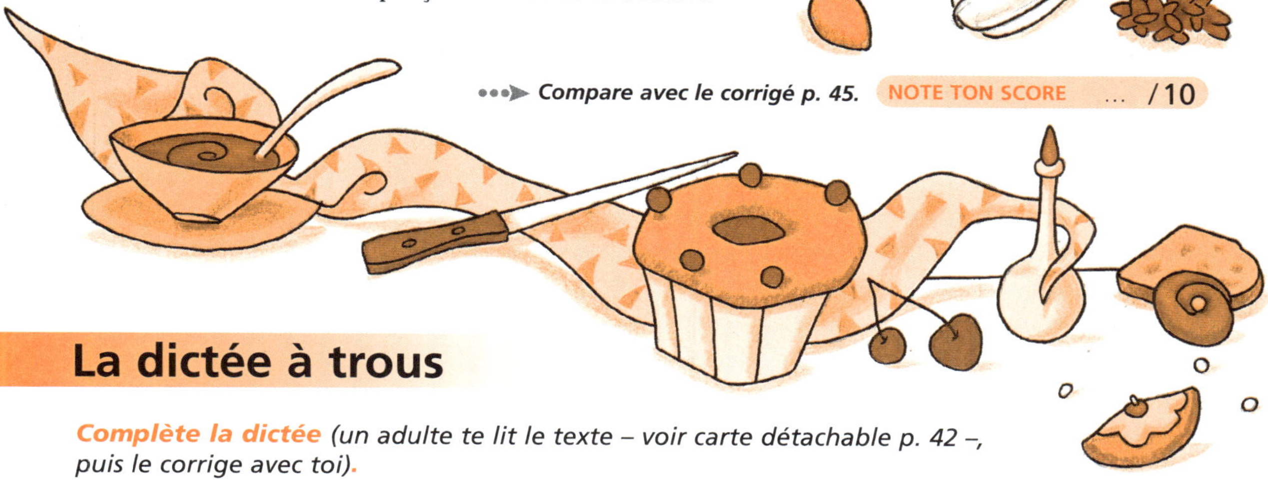

La dictée à trous

Complète la dictée *(un adulte te lit le texte – voir carte détachable p. 42 –, puis le corrige avec toi).*

VÉRITÉS

Depuis .... qu'avec le temps les vieilles folies deviennent sagesse, et que les anciens mensonges .... de grosses vérités, ... en .... de mille espèces.

Celles .... sans oser les divulguer, car toute vérité .... pas bonne .... dire et celles .... vante, sans y .... foi, car toute vérité .... pas bonne .... croire. Il .... mon amour pour Suzon .... une vérité de bon aloi.

NOTE TON SCORE ... /20

La dictée sans filet

Fais la dictée (un adulte te lit le texte).

VÉRITÉS

Évaluation *Corrige ta dictée* (avec l'aide d'un adulte) *et évalue ton travail.*

La dictée compte **74** mots.

Tu as bien orthographié .... mots.

0 5 10 15 20 25 30 35 40 45 50 55 60 65 70 75 80 85 90

Tu as mal orthographié .... mots.

Recopie deux fois chaque mot ou groupe de mots mal orthographié sur un cahier d'essai.

L'autodictée

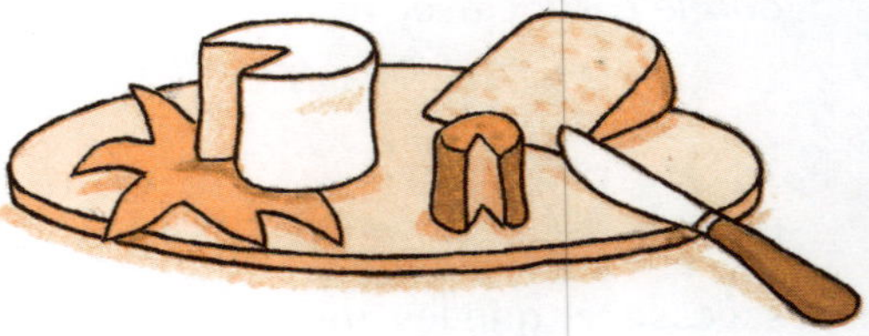

Fais l'autodictée 10 qui se trouve p. 83.

Si tu as fait une ou plusieurs erreurs, recopie l'autodictée sur un cahier d'essai.

Dictée de contrôle p. 44

Prolongements

Examine ta dictée sans filet.

Si ***tu as mal orthographié les mots soulignés, fais cet exercice.***
Complète avec **on n'** *ou* **on**.

.... a plus la possibilité de fumer dans cette salle.

Avec quelques précautions, ... aurait pu éviter de polluer la rivière.

Lorsque le temps des soldes arrive, ... hésite pas à acheter des vêtements.

.... a jamais retrouvé l'arme du crime.

En France, ... importe beaucoup de pétrole.

Le 1er Mai, ... offre quelques brins de muguet à ses amis.

Si ***tu as mal orthographié les mots en couleur, fais cet exercice.***
Ces noms se terminent par le son [wa]. Complète comme il convient.

J'ai essayé trois f.......... de téléphoner à mon ami.

Autref.......... , on faisait boire de l'huile de f.......... de morue aux enfants.

M. Duvert a répondu en toute bonne f.......... aux questions.

Cet avocat a une réputation de bon al.......... .

Mme Reynier s'inquiète : elle prend du p.......... .

Le rapide Avignon-Toulouse est attendu sur la v.......... n° 4.

Corrigés p. 45-46

Le mot des malins

LE CACAOYER

Dans les zones tropicales poussent **les cacaoyers**, ces arbres qui ont donné leur nom au cacao. Ils n'ont pas une taille très élevée, ce qui facilite la cueillette des cabosses à l'intérieur desquelles on trouve les fèves ; celles-ci donneront la pâte qui, après de nombreuses et délicates opérations, servira à la préparation des délicieux chocolats qui enchantent nos palais. Ce que l'on ne sait pas toujours, c'est que le cacao, avant d'être traité, a le goût de tout, sauf de chocolat !

Dictées de révision p. 60

Noms et adjectifs

6 Le pluriel des noms

1 * des chiens-loups – des coffres-forts – un porte-clés – des après-midi – des timbres-poste – un porte-bagages – des abat-jour – des pare-brise – des bateaux-mouches.

2 ** Fleurissez vos fenêtres et vos balcons ! L'été aime les pétunias et les géraniums. Plantez des pois de senteur ou bien des gueules-de-loup. Et vous, les distraits, choisissez des espèces résistantes comme les soucis et les œillets de poètes.

3 *** À l'école de solfège, René reçoit une centaine de jeunes élèves de tous les niveaux. Il leur enseigne la lecture des partitions musicales. Il frappe la table avec ses stylos et les enfants écrivent le rythme entendu. Il joue au piano des mélodies simples pour que l'oreille reconnaisse les notes.

7 L'accord des adjectifs

4 * des chaussettes orange – un jardin public – des chemises roses – des toits rouge clair – des réponses nettes et précises – des journaux régionaux – un vieil outil – des soins médicaux.

5 ** Vous ne direz pas bonjour à des jeunes enfants de la même façon qu'à un vieil homme de votre entourage. Du simple signe de tête à la franche poignée de main, la manière de saluer est à la fois relative à l'âge et au degré de familiarité.

6 *** En Normandie, se cachent de beaux et secrets manoirs. Pour les découvrir, on peut s'aider d'une carte routière détaillée et déconseiller aux automobilistes une trop vive allure. Une demeure ancienne et fleurie apparaîtra alors à l'unique ouverture d'une haie épaisse.

8 L'accord verbe-sujet

7 * un nouvel épisode – une oasis saharienne – une atmosphère étouffante – un horoscope détaillé – une autoroute à péage – des rails étroits – un insigne doré – un trophée olympique.

8 ** On ne soigne pas facilement les allergies. On sait seulement que certaines substances peuvent entraîner des réactions allergiques. Le pollen, la poussière et certains animaux risquent de provoquer des problèmes respiratoires, des démangeaisons sur la peau ou d'autres malaises.

9 *** Rien ne ressemble autant à un casse-tête que préparer sa valise. Il faut emporter les vêtements qui s'adaptent à toutes les situations, prévoir les intempéries ou l'absence de machines à laver. On risque alors d'emporter une valise beaucoup trop lourde qui rend insurmontable le moindre déplacement.

9 L'accord des participes passés

10 * Ces escalopes, je les ai trouvées excellentes. – Les voitures sont garées le long du trottoir. – Tous les voyageurs ont composté leurs billets. – Les routes que nous avons empruntées étaient dégagées.

11 ** Léonie a décidé de changer la couleur de sa chambre. Elle a poussé les meubles et a décollé la tapisserie qu'elle avait posée il y a quelques années. Après avoir préparé les murs, elle les a revêtus de papier japonais.

12 *** Sur la scène du théâtre, on a installé les éléments fixes du décor. Les cloisons et le mobilier sont fabriqués dans des matériaux résistants et très légers, faciles à déplacer. Lorsqu'ils ont franchi l'escalier, les acteurs rejoignent les coulisses où sont préparés les accessoires dont ils ont besoin.

10 on – ont

13 * On a sonné trois fois. – On n'a pas le droit de circuler sur la partie gauche de la voie. – Le froid est vif, les alpinistes ont les doigts gelés. – Les chamois ont échappé aux chasseurs.

14 ** Les derniers orages ont causé d'importants dégâts matériels. Les pluies qui ont accompagné les orages ont entraîné des inondations dans le Sud-Ouest. On a dû fournir des abris provisoires aux campeurs sinistrés. On ne déplore que quelques blessés légers.

15 *** Les responsables locaux ont décidé d'aménager un tunnel routier dans les Pyrénées. Ils ont toutefois oublié de soumettre leur projet aux défenseurs de l'environnement. Le seul parc national pyrénéen, où l'on trouve encore dix ours, se trouve justement sur l'itinéraire de l'axe autoroutier en construction.

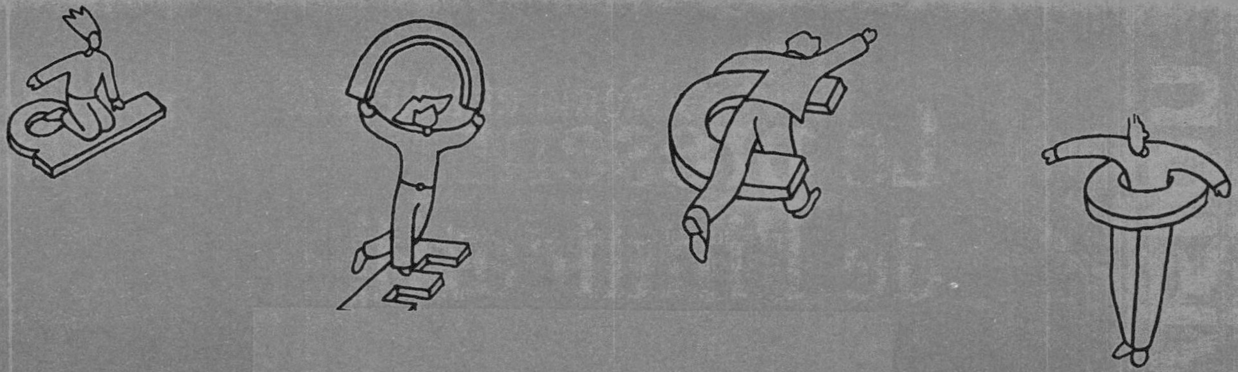

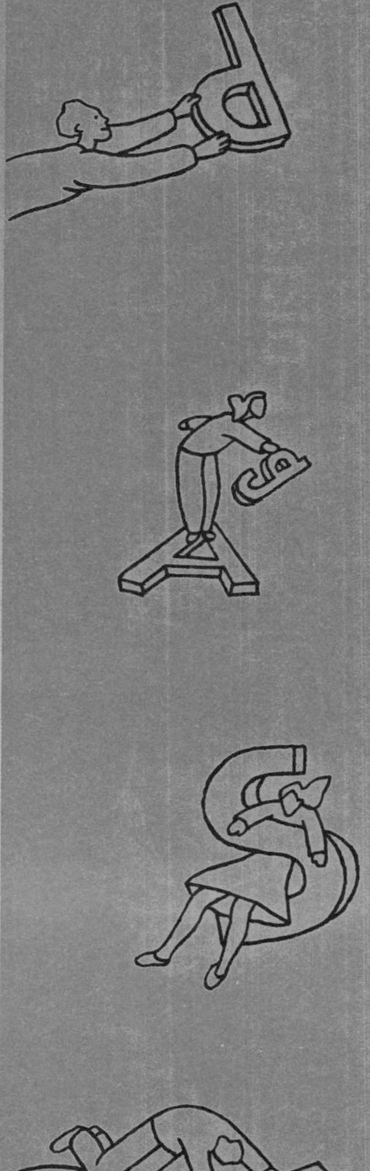

Conjugaison

- Le présent de l'indicatif
- Le futur simple
- Le passé simple
- Les temps composés
- Le conditionnel présent

CHAPITRE 11

Le présent de l'indicatif

CONSEILS

1 **Au présent de l'indicatif, les verbes du 1er groupe (ceux terminés par <u>-er</u> à l'infinitif) prennent tous les mêmes terminaisons.**

e – es – e – ons – ez – ent

je ski**e** – tu goût**es** – on commenc**e** –

nous siffl**ons** – vous grelott**ez** –elles s'align**ent**

2 **Tous les autres verbes (terminés par <u>-ir</u>, <u>-re</u>, <u>-oir</u>) prennent les mêmes terminaisons.**

s – s – t (ou d) – ons – ez – ent

je cour**s** – tu dor**s** – elle rajeuni**t** – il atten**d** –

nous écrivon**s** – vous réussiss**ez** – ils vienn**ent**

Préparation

Écris les verbes au présent de l'indicatif.

(rêver)	Tu .... d'aller passer huit jours de vacances en Suisse.
(réchauffer)	Vous .... vos doigts engourdis par le froid.
(commander)	Nous .... des meubles de jardin.
(serrer)	Émilie .... son ours en peluche avant de s'endormir.
(se servir)	M. Viard .... d'un tournevis pour installer cette étagère.
(fleurir)	Les premières tulipes .... dès la fin du mois de mars.
(se munir)	Pour déclarer mes revenus, je .... des imprimés nécessaires.
(se souvenir)	Pascal ne .... pas du prix de ce produit.
(ressentir)	Le malade .... un léger picotement dans l'épaule.
(venir)	Les Brésiliens pauvres .... s'entasser dans les bidonvilles de Rio.

Compare avec le corrigé p. 46.

NOTE TON SCORE ... /10

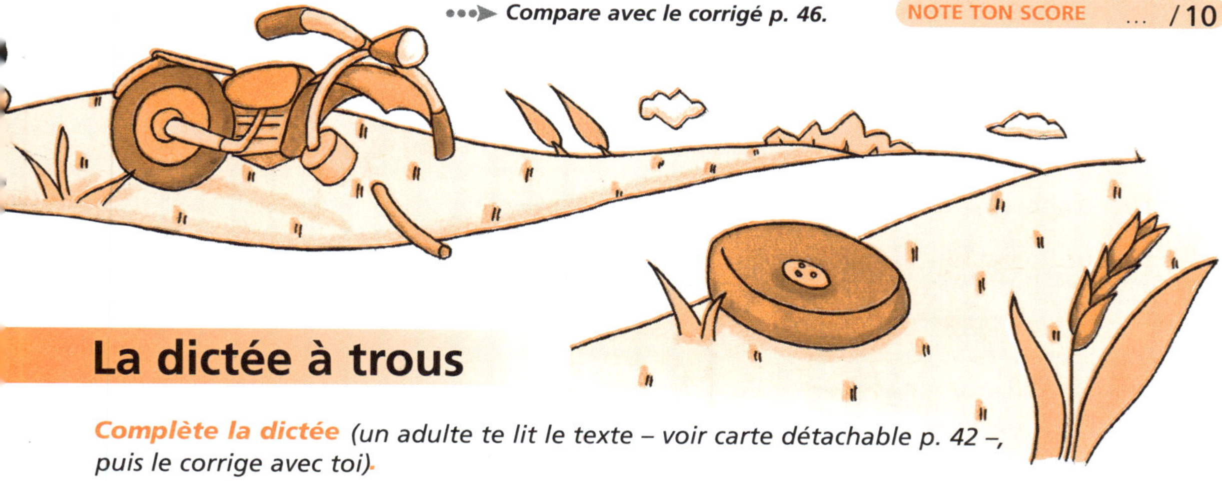

La dictée à trous

Complète la dictée *(un adulte te lit le texte – voir carte détachable p. 42 –, puis le corrige avec toi).*

RÉVEIL DOULOUREUX

Le soldat .... sur le dos. Il .... , mais il ne .... pas à .... , une sorte de torpeur lui .... tout le corps. Seuls les avant-bras et les mains .... avec une certaine aisance. Ce .... être la piqûre .... au soldat cette nausée qu'il .... depuis son réveil. Il .... parfaitement de la motocyclette, de la route. Ensuite ? .... plus ce .... après : l'hôpital sans doute.

NOTE TON SCORE ... /20

La dictée sans filet

Fais la dictée *(un adulte te lit le texte).*

RÉVEIL DOULOUREUX

Évaluation ***Corrige ta dictée*** (avec l'aide d'un adulte) ***et évalue ton travail.***

La dictée compte **77** mots.

Tu as bien orthographié .... mots.

0 5 10 15 20 25 30 35 40 45 50 55 60 65 70 75 80 85 90

Tu as mal orthographié .... mots.

Recopie deux fois chaque mot ou groupe de mots mal orthographié sur un cahier d'essai.

L'autodictée

Fais l'autodictée 11 qui se trouve p. 83.

Si tu as fait une ou plusieurs erreurs, recopie l'autodictée sur un cahier d'essai.

Dictée de contrôle p. 44.

Prolongements

Examine ta dictée sans filet.

Si tu as mal orthographié les mots soulignés, fais cet exercice.
Écris les verbes au présent de l'indicatif.

(se mouvoir) Les ballerines .... avec grâce sur la scène de l'Opéra.

(s'asseoir) La secrétaire .... devant son ordinateur.

(prévoir) Nous .... un arrêt au prochain parking.

(recevoir) Je .... de nombreux journaux publicitaires.

(valoir) Le ticket de métro ne .... que 1,30 €.

(voir) Les mages ....-ils l'avenir dans le marc de café ?

(croire) Je ne .... pas aux histoires de soucoupes volantes.

(boire) Nous ne .... que du jus de fruits.

Si tu as mal orthographié les mots en couleur, fais cet exercice.
Complète avec un des mots invariables suivants :
mais – avec – bientôt – dans – depuis – ensuite – plus – sans – beaucoup.

Tu nous quittes .... regret .... tu reviendras ....

.... qu'elle suit un régime .... graisse, Mme Garrier a .... maigri.

J'épluche les carottes et .... je laverai la salade.

Il n'y a .... de bureau de poste .... ce village.

Corrigés p. 46

Le mot  des malins

UN RALLYE

En ce dimanche de printemps, le comité des fêtes du village organise son **rallye** annuel. Il ne s'agit pas d'une course automobile mais d'un parcours à allure modérée avec de nombreuses haltes pour répondre à différentes questions. Les participants remplissent leur voiture avec une importante documentation sur l'histoire locale parce qu'il faut connaître les moindres détails des monuments, obscurs ou célèbres, qui sont visités au long de la journée. Chacun espère rapporter une carte complètement remplie pour gagner la coupe !

Dictées de révision p. 82

CHAPITRE 12

Le futur simple

CONSEILS

1 **Au futur simple, tous les verbes prennent les mêmes terminaisons.**

rai – ras – ra – rons – rez – ront

2 **Pour les verbes des 1er et 2e groupes, l'infinitif est conservé pour former le futur.**

je **freiner**ai – nous **piocher**ons – elle **rougi**ra – ils **réagir**ont

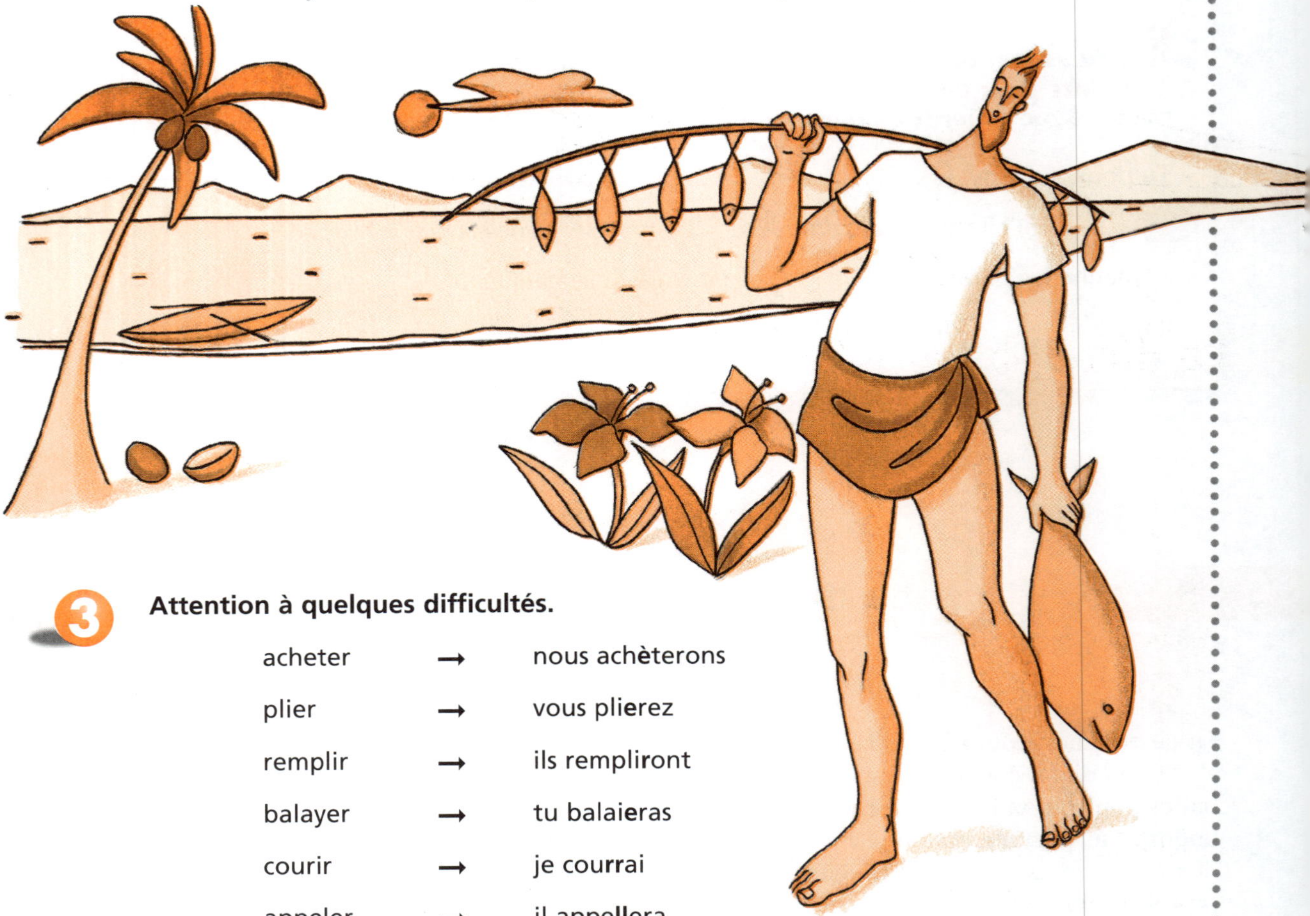

3 **Attention à quelques difficultés.**

acheter	→	nous ach**è**terons
plier	→	vous pli**e**rez
remplir	→	ils rempli**r**ont
balayer	→	tu balai**e**ras
courir	→	je cou**rr**ai
appeler	→	il appe**ll**era

Écris les verbes au futur simple.

(aller)	Après cette petite réparation, tout .... bien.
(construire)	Je .... ce rectangle avec seulement une règle et un compas.
(manger)	Quand il n'y aura plus de pain, nous .... des biscottes.
(regretter)	Vous ne .... sûrement pas d'avoir choisi ce modèle.
(recompter)	Au sortir du supermarché, Mme Varlet .... sa monnaie.
(tourner)	Avant de parler, tu .... sept fois ta langue dans ta bouche.
(tenir)	M. Boucharlat .... sa promesse.
(courir)	En t'entraînant, tu .... les dix kilomètres en moins d'une heure.
(apprendre)	Après l'anglais, nous .... l'allemand et l'espagnol.
(venir)	J'espère que ces deux adversaires n'en .... pas aux mains.

••➤ *Compare avec le corrigé p. 46.* NOTE TON SCORE ... /10

La dictée à trous

Complète la dictée (un adulte te lit le texte – voir carte détachable p. 42 –, puis le corrige avec toi).

RÊVE EXOTIQUE

J'.............. dans les îles lointaines et .... sur le rivage une cabane de bois verni. Je .... le poisson de mes pêches, je .... le lait de noix de coco. J'.............................. la musique typique et .... rejoindre dans ma case, sur une terre de corail qui n' .... à personne. .... mes trouvailles. .... une épicerie-buvette. Les enfants .... sur la plage. Les cyclones se .... de leur route pour .... épargner.

NOTE TON SCORE ... /20

La dictée sans filet

Fais la dictée *(un adulte te lit le texte).*

RÊVE EXOTIQUE

Évaluation ***Corrige ta dictée*** *(avec l'aide d'un adulte)* ***et évalue ton travail.***

La dictée compte **80** mots.

Tu as bien orthographié .... mots.

0 5 10 15 20 25 30 35 40 45 50 55 60 65 70 75 80 85 90

Tu as mal orthographié .... mots.

Recopie deux fois chaque mot ou groupe de mots mal orthographié sur un cahier d'essai.

L'autodictée

Fais l'autodictée 12 qui se trouve p. 83.

Si tu as fait une ou plusieurs erreurs, recopie l'autodictée sur un cahier d'essai.

Dictée de contrôle p. 44

Prolongements

Examine ta dictée sans filet.

Si ***tu as mal orthographié les mots soulignés, fais cet exercice.***
Écris les verbes au futur simple.

(boire)	Je .... un grand verre d'eau.
(ouvrir)	Pour aérer l'appartement, vous .... les fenêtres.
(apprécier)	Nous .... approximativement la distance à parcourir.
(vérifier)	Les techniciens .... le système de freinage.
(se blottir)	Les oursons .... près de leur mère.
(recopier)	Tu .... le résumé chez toi.
(se marier)	Ma sœur ne .... pas avant d'avoir achevé ses études.

Si ***tu as mal orthographié les mots en couleur, fais cet exercice.***
Complète ces noms avec ail ou aille (accorde s'il le faut).

les mur..........	le cor..........	tes trouv..........	une éc..........	ses méd..........
le bét..........	des r..........	des dét..........	la p..........	la ferr..........
un port..........	le gouvern......	des vol..........	ce vitr..........	la bat..........
une ent..........	l'autor......	la pag..........	une can..........	mon trav......

Corrigés p. 47

Le mot des malins

UN PRONOSTIC OSÉ

Personne ne pensait que Dorlin pouvait remporter la course Paris-Camembert. Un seul spectateur y croyait, c'était mon oncle. « Tu verras qu'il réussira à se glisser dans la bonne échappée. Les autres coureurs ne le prendront pas au sérieux et il fera le mort pendant des dizaines de minutes. À deux kilomètres de l'arrivée, il démarrera et personne ne le reverra avant la ligne. » Eh bien, croyez-moi, Dorlin a bel et bien gagné comme l'avait prédit mon oncle. Quel **pronostic** !

Dictées de révision p. 82

CHAPITRE 13

Le passé simple

CONSEILS

1 **Tous les verbes du 1er groupe ont les mêmes terminaisons.**

ai – as – a – âmes – âtes – èrent

je respir**ai** – tu dessin**as** – il résist**a** – nous cherch**âmes**

vous approch**âtes** – ils rentr**èrent**

(Les 1re et 2e personnes du pluriel sont peu employées.)

2 **Tous les verbes du 2e groupe ont les mêmes terminaisons.**

is – is – it – îmes – îtes – irent

j'applaud**is** – tu brun**is** – il ralent**it** – nous maigr**îmes**

vous réuss**îtes** – ils vieill**irent**

3 **Certains verbes du 3e groupe se terminent comme ceux du 2e groupe, mais d'autres se terminent ainsi :**

us – us – ut – ûmes – ûtes – urent

je cour**us** – tu reç**us** – il **but** – elles l**urent**

Attention ! Pour les verbes du 3e groupe, il est prudent de consulter un livre de conjugaison, parce que certaines terminaisons sont particulières.

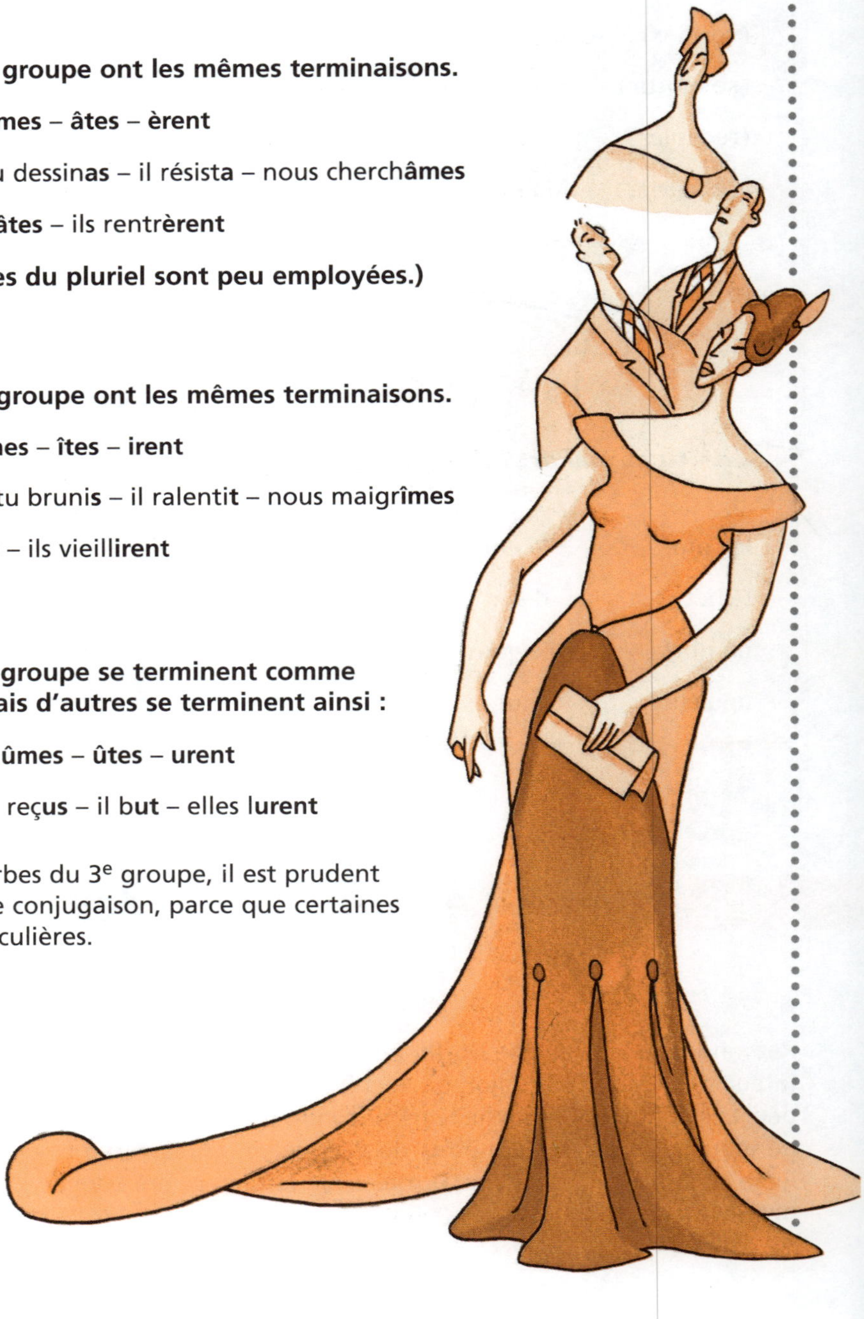

Préparation

Écris les verbes au passé simple.

(commencer) Avant d'effectuer les calculs, les élèves .... par lire le problème.

(entrer) Énervé, le directeur .... dans une violente colère.

(s'éloigner) Le paquebot .... lentement du quai.

(avoir) Dans l'obscurité, j'............... du mal à retrouver mon chemin.

(faire) Pressées par le temps, vous .... l'aller-retour en une heure.

(prendre) Tu .... ce vulgaire caillou pour une pierre précieuse.

(vivre) Toute sa vie, Marie Curie .... fort modestement.

(recevoir) Mme Blumann .... deux propositions d'emploi le même jour.

(retenir) Au départ de ses amies, Laura ne .... pas longtemps ses larmes.

(être) Les diligences .... victimes du développement des chemins de fer.

Compare avec le corrigé p. 47. NOTE TON SCORE ... /10

La dictée à trous

Complète la dictée *(un adulte te lit le texte – voir carte détachable p. 42 –, puis le corrige avec toi).*

UN DÎNER CHEZ LE SOUS-PRÉFET

À huit heures, les battants de la salle .... Chacun .... pas dans le vestibule, par dignité. Puis l'....... .... Le sous-préfet .... le geste circulaire de .... place. Le repas .... , d'abord silencieux. Peu à peu les convives .... leur élan. Le dîner .... fort .... : trois entrées, une demi-douzaine de plats divers, enfin les desserts ! Le banquet .... bonne humeur .... convives, bras dessus, bras dessous, ... de la maison.

NOTE TON SCORE ... /20

La dictée sans filet

Fais la dictée *(un adulte te lit le texte).*

UN DÎNER CHEZ LE SOUS-PRÉFET

Évaluation ***Corrige ta dictée*** (avec l'aide d'un adulte) ***et évalue ton travail.***

La dictée compte **81** mots.

Tu as bien orthographié .... mots.

0 5 10 15 20 25 30 35 40 45 50 55 60 65 70 75 80 85 90

Tu as mal orthographié .... mots.

Recopie deux fois chaque mot ou groupe de mots mal orthographié sur un cahier d'essai.

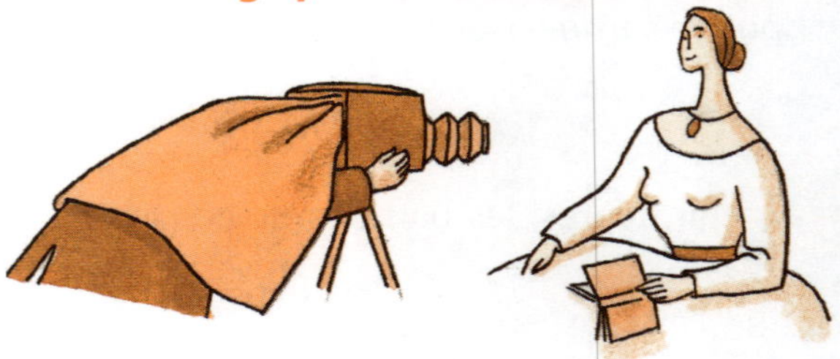

L'autodictée

Fais l'autodictée 13 qui se trouve p. 83.

Si tu as fait une ou plusieurs erreurs, recopie l'autodictée sur un cahier d'essai.

Dictée de contrôle p. 44

Prolongements

Examine ta dictée sans filet.

Si tu as mal orthographié les mots soulignés, fais cet exercice.
Complète par le verbe à l'infinitif ou conjugué au passé simple.

(s'ouvrir)	Ali Baba prononça la formule magique et les portes ....
(fuir)	Au premier pétard, ils .... à toute allure.
(étourdir)	Par leurs cris, ces garnements vont nous ....
(grossir)	S'il s'arrête de fumer, M. Payan va peut-être .... un peu.
(recueillir)	Étienne et Rachel .... un chat abandonné.
(bondir)	Effrayés, les chevaux .... hors de leur enclos.
(rire)	Les clowns ont fait .... les enfants à gorge déployée.
(dire)	Il faut .... les choses comme elles sont : tu nous ennuies !

Si tu as mal orthographié les mots en couleur, fais cet exercice.
Ces noms se terminent par [œʀ]. **Complète-les comme il convient.**

la chal........	la dem........	un vend........	le c........
un chôm........	le ch........	le rong........	un malh........
ce camp........	la su........	une h........	le b........
l'hum........	la terr........	ton class........	la p........
la laid........	la haut........	l'honn........	l'horr........

Corrigés p. 47

Le mot des malins

LE RHINOCÉROS

John, le guide, avait promis à Christine qu'elle verrait un **rhinocéros**. Aussi ne fut-elle pas surprise d'apercevoir une femelle avec son petit. Pour que ces deux animaux ne soient pas effrayés, John imita le cri du mâle ; le camion put ainsi s'approcher. Christine vit alors de près ces bêtes dont l'aspect rappelle celui des dinosaures. Leur peau épaisse, plissée, semble les protéger de toutes les attaques possibles et pourtant il paraît que c'est une espèce en voie de disparition.

Dictées de révision p. 82

CHAPITRE 14

Les temps composés

CONSEILS

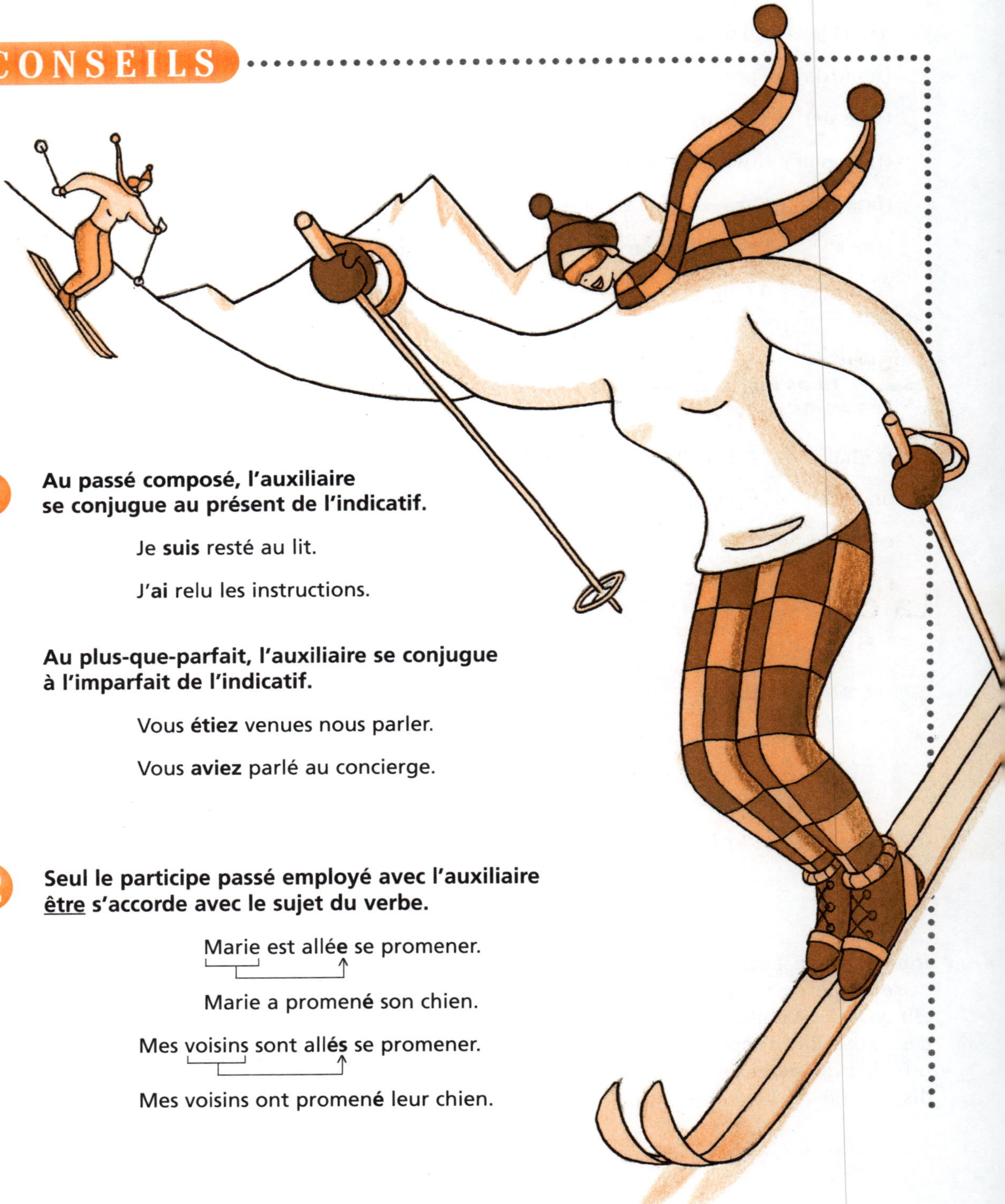

1 **Au passé composé, l'auxiliaire se conjugue au présent de l'indicatif.**

Je **suis** resté au lit.

J'**ai** relu les instructions.

Au plus-que-parfait, l'auxiliaire se conjugue à l'imparfait de l'indicatif.

Vous **étiez** venues nous parler.

Vous **aviez** parlé au concierge.

2 **Seul le participe passé employé avec l'auxiliaire <u>être</u> s'accorde avec le sujet du verbe.**

<u>Marie</u> est allé**e** se promener.

Marie a promen**é** son chien.

Mes <u>voisins</u> sont all**és** se promener.

Mes voisins ont promen**é** leur chien.

Préparation

Écris les verbes aux temps demandés.

passé composé

(répéter) Vous .... mes paroles au professeur de français.

(renoncer) Nous .... à déchiffrer ce message.

(bénir) Le pape .... les fidèles réunis place Saint-Pierre.

(pouvoir) Comme elle était en bon état, M. Jacob .... vendre facilement sa moto.

(venir) Un incident de dernière minute .... perturber la fin du concert.

plus-que-parfait

(respecter) Tous les automobilistes .... la limitation de vitesse.

(devoir) Nadine .... s'y prendre à deux fois pour réussir son permis.

(refroidir) En une journée, le vent du nord .... l'atmosphère.

(utiliser) Le jardinier .... la tondeuse électrique.

(ébranler) Je croyais que ces arguments .... tes certitudes.

•••➤ *Compare avec le corrigé p. 47-48.* NOTE TON SCORE ... /10

La dictée à trous

Complète la dictée (un adulte te lit le texte – voir carte détachable p. 42 –, puis le corrige avec toi).

LE SKI : QUATRE MILLE ANS D'HISTOIRE

Le 11 avril 1897, le *Petit Journal* .... sa page de couverture, en couleur, ... explorateur norvégien, Nansen, qui .... le Groenland à skis : cinq cents kilomètres de neige, de glace, de froid et de faim. .... depuis longtemps que les historiens .... des gravures représentant des chasseurs .... de patins de bois .... Certains modèles de skis, ... dans les marais scandinaves, ... aux Lapons de .... rapidement sur la neige depuis des siècles.

NOTE TON SCORE ... /20

La dictée sans filet

Fais la dictée *(un adulte te lit le texte)*.

LE SKI : QUATRE MILLE ANS D'HISTOIRE

Évaluation ***Corrige ta dictée*** *(avec l'aide d'un adulte)* ***et évalue ton travail.***

La dictée compte **84** mots.

Tu as bien orthographié .... mots.

0 5 10 15 20 25 30 35 40 45 50 55 60 65 70 75 80 85 90

Tu as mal orthographié .... mots.

Recopie deux fois chaque mot ou groupe de mots mal orthographié sur un cahier d'essai.

L'autodictée

Fais l'autodictée 14 qui se trouve p. 83.

Si tu as fait une ou plusieurs erreurs, recopie l'autodictée sur un cahier d'essai.

••• ▶ *Dictée de contrôle p. 44*

Prolongements

Examine ta dictée sans filet.

Si tu as mal orthographié les mots soulignés, fais cet exercice.
Écris les verbes au passé composé.

(permettre) La découverte de la pénicilline .... de sauver des millions de vies.
(s'asseoir) Sacha .... à l'arrière du véhicule.
(surprendre) La sonnerie du téléphone .... M. Joly dans son sommeil.
(détruire) Le cyclone Peggy .... de nombreuses maisons.
(éteindre) Les pompiers .... l'incendie en quelques minutes.
(offrir) M. Lacouture .... un bracelet à sa femme.
(mourir) D'Artagnan .... à la bataille de Maastricht.

Si tu as mal orthographié les mots en couleur, fais cet exercice.
Écris les nombres en lettres.

(4 000) M. Venuti a obtenu un prêt de .... euros.
(500) Dans cette usine, on fabrique .... voitures par jour.
(80) Aujourd'hui, Mme Thomas fête ses .... ans.
(45) Mme Rozans aura .... jours de congé cette année.
(260) Le T.G.V. traverse Prissé à .... kilomètres à l'heure.
(3 000 000) .... d'habitants vivent dans la région parisienne.

Corrigés p. 48

Le mot des malins

QUELLE EFFERVESCENCE !

Samedi dernier, monsieur Robert a réussi à convaincre sa femme de l'accompagner au supermarché. Dès leur arrivée, ils ont compris qu'ils ne seraient pas seuls ! Plus une seule place de libre au parking ; ils ont dû se garer à plusieurs centaines de mètres de l'entrée. Mais ce n'était rien à côté de l'**effervescence** régnant à l'intérieur. Les articles les plus avantageux étaient pratiquement inaccessibles, cachés au milieu d'une foule de clients.
Ils ont néanmoins réussi à acheter une cafetière électrique...

Dictées de révision p. 82

CHAPITRE 15

Le conditionnel présent

CONSEILS

1 **Au conditionnel présent, tous les verbes prennent les mêmes terminaisons.**

rais – rais – rait – rions – riez – raient

2 **Comme pour le futur simple, l'infinitif est généralement conservé.**

tu te **doucher**ais – ils **hésiter**aient – vous **grandir**iez

Attention, cependant, à quelques difficultés.

tu ve**rr**ais – il re**viendr**ait – nous pou**rr**ions – elles balbuti**e**raient

Préparation

Écris les verbes au conditionnel présent.

(annuler) Nous .... volontiers notre abonnement au journal *Sixton*.

(polluer) Si on prenait des précautions, les usines .... moins.

(trahir) Nous .... un secret en vous révélant le contenu de ce paquet.

(partir) Si M. Fayard t'accompagnait, tu .... les yeux fermés.

(revenir) Si nous faisions un six, nous .... à la case « Départ ».

(avoir) Si tu gagnais au loto, tu .... vraiment de la chance.

(voir) Les riverains .... d'un bon œil l'aménagement de ce carrefour.

(pouvoir) Si vous preniez ce sachet, vous .... guérir rapidement.

(parcourir) Si nous avions l'espoir d'y trouver des champignons, nous .... ce bois dans tous les sens.

(réserver) Si Laurent était prévoyant, il .... une partie de ses économies pour payer son loyer.

••• *Compare avec le corrigé p. 48.* NOTE TON SCORE ... /10

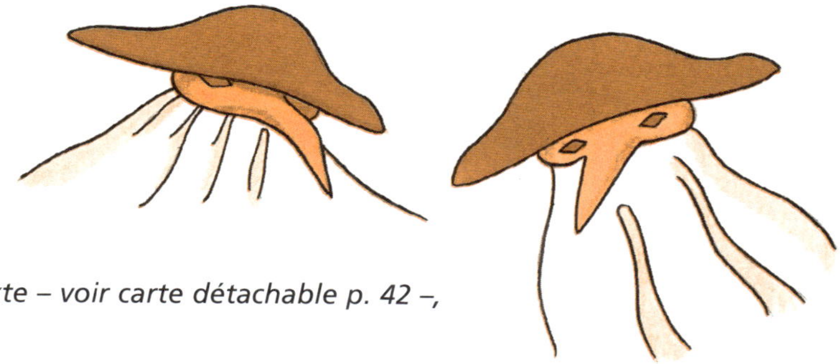

La dictée à trous

Complète la dictée *(un adulte te lit le texte – voir carte détachable p. 42 –, puis le corrige avec toi).*

UN AVENIR RADIEUX

Si Monsieur Zaremba .... nous .... , ma mère n' .... plus .... et .... descendre cent fois par jour le maudit escalier. Elle .... un mois à Venise. Au lieu de .... tous les matins au marché de la Buffa, ... avec grâce la promenade des Anglais dans un fiacre. ...., ... enfin à la conquête du monde et .... couvert de gloire. J'.............................. déjà la tête de mes copains quand .... apparaître à la barre de mon yacht.

NOTE TON SCORE ... /20

La dictée sans filet

Fais la dictée *(un adulte te lit le texte).*

UN AVENIR RADIEUX

Évaluation ***Corrige ta dictée*** *(avec l'aide d'un adulte)* ***et évalue ton travail.***

La dictée compte **86** mots.

Tu as bien orthographié .... mots.

0 5 10 15 20 25 30 35 40 45 50 55 60 65 70 75 80 85 90

Tu as mal orthographié .... mots.

Recopie deux fois chaque mot ou groupe de mots mal orthographié sur un cahier d'essai.

L'autodictée

Fais l'autodictée 15 qui se trouve p. 83.

Si tu as fait une ou plusieurs erreurs, recopie l'autodictée sur un cahier d'essai.

Dictée de contrôle p. 44

Prolongements

Examine ta dictée sans filet.

Si *tu as mal orthographié les mots soulignés, fais cet exercice.*

Écris les verbes au futur simple puis au conditionnel présent.

(partir) Demain, nous .... avec notre oncle.

Demain, je .... avec mon oncle.

Si nous en avions la possibilité, nous .... avec notre oncle.

Si j'en avais la possibilité, je .... avec mon oncle.

(revenir) Quand nous aurons visité Eurodisney, nous .... tout heureux.

Quand j'aurai visité Eurodisney, je .... tout heureux.

Si nous visitions Eurodisney, nous .... tout heureux.

Si je visitais Eurodisney, je .... tout heureux.

Si *tu as mal orthographié les mots en couleur, fais cet exercice.*

Complète, si nécessaire, avec un accent circonflexe (utilise un dictionnaire).

la grace	le théatre	le chateau	la traine	gracieux
la théorie	le bateau	le traitre	le diplome	la cloture
le diplomate	le clocher	la cime	la buche	le doute
le plateau	l'abime	la ruche	la voute	le platane

•••➤ *Corrigés p. 48*

Le mot des malins

LA VARAPPE

Depuis qu'il a vu à la télévision les exploits de grimpeurs escaladant les parois abruptes des gorges du Verdon, Lionel voudrait essayer la **varappe**. Il pense arriver à convaincre quelques amis de l'accompagner, car, pour ce sport, il est indispensable d'être assisté par d'autres passionnés de la montagne. Ensemble, ils pourraient solidement installer les pitons dans le rocher pour y passer les cordes. Lionel est certain que tous y trouveraient beaucoup de plaisir, surtout si le beau temps les accompagnait.

•••➤ *Dictées de révision p. 82*

Conjugaison

11 Le présent de l'indicatif

1 * Peux-tu courir sans chaussures ? – Le chauffeur s'assoit et desserre le frein à main. – Depuis combien de temps sait-il parler espagnol ? – Croyez-vous encore aux fées ?

2 ** Je crains de ne pas participer à la promenade. Le ciel s'assombrit et le vent secoue les fleurs du jardin. L'orage n'interdit pas les sorties mais je préfère rester à la maison et finir mon livre.

3 *** Si tu te lèves tôt, tu peux assister à la toilette de la ville. Le camion parcourt toutes les rues, les employés ramassent les sacs déposés la veille et vident les poubelles. Un engin muni de brosses lave la chaussée puis la balayeuse automatique nettoie le trottoir et les caniveaux.

12 Le futur simple

4 * Le concierge fermera le portail à dix heures. – Nous négligerons les détails sans importance. – Vous photographierez la muraille de Chine. – Je finirai mon travail avant de jouer.

5 ** Quand nous serons à l'étranger, nous essaierons de parler anglais à tour de rôle. Tu ne négligeras aucune occasion d'engager la conversation et moi je n'interviendrai pas avant que le dialogue soit terminé. Nous ferons vite des progrès.

6 *** L'année prochaine, ma sœur travaillera comme au pair dans une famille américaine. Elle pourra s'inscrire dans une école. À la maison, elle s'occupera des enfants, préparera leurs repas ; elle les aidera à se laver et à s'habiller. Ils joueront avec elle. Elle deviendra vite leur seconde maman.

13 Le passé simple

7 * Pour son malheur, il croisa un chat noir. – Il plut beaucoup et les rivières grossirent en quelques heures. – En voyant la couleur de ton chapeau, je ne pus me retenir de rire.

8 ** Lorsqu'on commença à rendre les logis confortables, il fallut adapter les quartiers, puis les villes entières à cette nécessité. La distribution d'eau courante et l'écoulement des eaux usées occasionnèrent de grands travaux.

9 *** Arthur Conan Doyle créa le personnage de Sherlock Holmes, il y a cent ans. Il lui associa le docteur Watson, double de l'auteur. Quand il voulut cesser d'écrire, il résolut de raconter la mort de son héros. Les lecteurs protestèrent et exigèrent que le détective revienne poursuivre ses enquêtes.

14 Les temps composés

10 * Ce match de rugby a duré exactement quatre-vingts minutes. – Deux cents francs ont suffi pour payer la note. – Les premiers bateaux ont atteint la bouée depuis douze minutes.

11 ** Le professeur a prévenu ses élèves que, dès qu'ils auront terminé l'exercice, ils pourront lire. Il leur a demandé de ne pas déranger ceux qui n'ont pas fini et il a commencé à ramasser les premières copies.

12 *** On a longtemps cru que cette horloge ancienne ornée de squelettes animés était une œuvre d'humour noir. Mais on a appris depuis que des prisonniers espagnols l'avaient fabriquée dans une prison anglaise, après la défaite de leur Armada. Un horloger l'avait dotée plus tard d'un orgue mécanique.

15 Le conditionnel présent

13 * J'aimerais partir à la conquête des cimes enneigées. – Si vous réfléchissiez un peu, vous saisiriez votre chance. – Le chirurgien devrait ôter ton plâtre dans deux semaines. – Il est certain que les ouvriers apprécieraient une petite pause.

14 ** Les joueurs de cette équipe seraient capables d'améliorer leurs résultats, mais ils ne s'entendent pas avec leur entraîneur. Il faudrait d'abord résoudre ce problème et ensuite l'équipe aurait plus de chances d'obtenir sa qualification.

15 *** Le changement des itinéraires entraînerait d'importantes perturbations pour la circulation des véhicules dans cette partie de la ville. Cette décision bouleverserait les habitudes des automobilistes indécis qui ralentiraient leur allure. Mais cela ne devrait durer que peu de temps !

Autodictées

CHAPITRE 1 – Pour préparer une tarte aux abricots, il suffit d'enlever les noyaux au couteau, d'étaler au rouleau de la pâte sablée et de disposer en rosace les fruits sucrés.

CHAPITRE 2 – Les champions d'aviron rament toujours à la même cadence. Ils emploient toutes leurs forces à arriver les premiers. Les cris des spectateurs les encouragent.

CHAPITRE 3 – La chatte de la maison adore chasser. Si une guêpe pénètre chez nous, elle l'attrape et la mange aussitôt. Satisfaite, elle s'installe alors sur le canapé.

CHAPITRE 4 – Le port d'Honfleur est célèbre pour ses maisons hautes et serrées. On y vend des crevettes vivantes, de petits crabes et des soles fraîchement pêchées.

CHAPITRE 5 – Les pensionnaires de l'hospice aiment s'asseoir sur les bancs de la rue piétonne. L'animation, le bruit, les jeux des enfants permettent d'oublier combien les jours sont longs.

CHAPITRE 6 – Les petits enfants craignent la toilette des cheveux. La mousse qui coulent dans les yeux, les ciseaux menaçants du coiffeur sont autant de dangers qui les font pleurer.

CHAPITRE 7 – Il te faudrait un foulard et des chaussures rouge vif pour égayer ta robe noire. Je connais une jolie boutique où tu trouveras certainement un grand choix d'accessoires assortis.

CHAPITRE 8 – Lionel et Aurélie se chamaillent : « C'est moi qui voulais ouvrir les volets le premier ! Tu essaies toujours de prendre mon tour ; demain, c'est moi qui le ferai ! »

CHAPITRE 9 – Tous les quartiers éloignés du centre de la ville sont bien desservis par les autobus. Ceux-ci sont maintenant plutôt fréquentés par les personnes âgées et les adolescents.

CHAPITRE 10 – On accuse une mystérieuse bactérie cachée dans certains fromages de provoquer des malaises et des fièvres chez les personnes fragiles. Quelques malades ont été recensés cette année.

CHAPITRE 11 – Nos voisins exagèrent : ils prennent plaisir à nous associer à toutes leurs activités, même lorsqu'ils savent que nous ne partageons pas forcément ni leurs goûts, ni leur emploi du temps.

CHAPITRE 12 – Pour arriver chez moi, vous resterez sur la route nationale. Au niveau du pont, vous tournerez à droite. Puis vous continuerez tout droit et vous vous garerez sur la place.

CHAPITRE 13 – Le photographe Nadar nous permit de connaître les écrivains du siècle dernier. Victor Hugo, Baudelaire et George Sand prirent alors dans leur portrait le visage familier de grands-parents âgés.

CHAPITRE 14 – Lorsque cette jeune huguenote eut réussi à fuir son pays, elle s'installa en Cornouailles. Elle avait créé une pâtisserie où l'on prépare les mêmes gâteaux depuis trois cents ans.

CHAPITRE 15 – Pourrais-tu me rapporter des feuilles doubles de la papeterie ? Comme tu auras le temps de flâner un peu, tu devrais en profiter pour admirer les vitrines préparées pour les fêtes de fin d'année.

Imprimé en Italie par

LTV

LA TIPOGRAFICA VARESE
Società per Azioni
Varese
Dépôt légal : 20066 / 05-2002
Collection n° 13 - Edition 01
16/8414/1